霍去病

少年得志的骠骑勇将

云中军 著

辽宁人民出版社

© 云中军　2025

图书在版编目（CIP）数据

霍去病：少年得志的骠骑勇将 / 云中军著.
沈阳：辽宁人民出版社，2025.6. -- ISBN 978-7-205-11495-4

Ⅰ．K825.2

中国国家版本馆 CIP 数据核字第 20257PT542 号

出版发行：辽宁人民出版社
　　地　址：沈阳市和平区十一纬路 25 号　邮编：110003
　　电　话：024-23284191（发行部）　024-23284304（办公室）
　　http://www.lnpph.com.cn
印　　　刷：河北朗祥印刷有限公司
幅面尺寸：145mm×210mm
印　　张：6.75
字　　数：134 千字
出版时间：2025 年 6 月第 1 版
印刷时间：2025 年 6 月第 1 次印刷
责任编辑：赵维宁　刘芮先
封面设计：乐　翁
版式设计：一诺设计
责任校对：吴艳杰
书　　号：ISBN 978-7-205-11495-4
定　　价：39.80 元

序 言

在悠久的历史长河中,有些人物犹如夜空中最亮的星辰,他们的故事穿越时空的界限,化作后人心中永恒的传奇。霍去病,便是这样一位令人敬仰的英雄豪杰。他的名字,与他那虽短暂却灿若星辰的一生交相辉映,永远镌刻在了中国历史的丰碑之上。在本书中,我们将踏上追寻之旅,回溯这位西汉名将的辉煌足迹,深入探索他那非凡的人生轨迹,以及他对中国乃至世界历史所产生的深远影响。

霍去病,诞生于河东平阳(今山西省临汾市),是西汉时期杰出的军事家与民族英雄。他生于建元元年（前140），逝于元狩六年（前117），年仅23岁，却以其超凡的军事才华和坚不可摧的战斗意志，为西汉王朝的边疆稳固与民族荣耀筑起了坚实的防线。霍去病的一生，不仅是西汉对外扩张与民族交融的生动写照，也是中华民族不屈不挠、勇于拼搏精神的集中体现。

他的故事，是与匈奴长期抗争的壮丽史诗。在那个烽火连天的时代，匈奴作为中原王朝的心腹大患，以其强悍的骑兵和流动的生活方式，频繁侵扰边境，给中原人民带来了无尽的苦难。霍去病出身于一个并不显赫的家庭，父亲霍仲孺是汉武帝时期的一名小吏，母亲卫少儿则是汉武帝之姐平阳公主的侍女。

自幼年起，霍去病便展现出过人的聪慧与武艺天赋，这得益于舅舅卫青的功劳。他接受的良好的文化与武术熏陶，为日后辉煌的军事生涯奠定了坚实的基础。加之汉武帝时代，国家强盛，汉武帝决心根除匈奴之患，在这样的历史洪流中，霍去病的军事才能得以充分施展。

元朔六年（前123），霍去病被汉武帝委以嫖姚校尉（《史记》记为剽姚），踏上了对抗匈奴的征途。在随后的岁月里，他

序　言

率领汉军多次征战，屡建奇功，河西之战、漠北之战等一系列重大战役中，均留下了他英勇的身影。霍去病的军事才能不仅体现在勇猛与智谋上，更在于他对战争本质的深刻洞察。他深知战争不仅是力量的比拼，更是智慧与人心的较量。因此他总能根据战场形势的变化灵活调整战术，以最小的代价换取最大的胜利。

霍去病的一生虽然短暂，却如同流星划过夜空般绚烂夺目。他的军事成就不仅为西汉王朝的边疆安宁与民族尊严做出了不可磨灭的贡献，更为后世留下了宝贵的军事财富。他的战术思想与指挥艺术，对后世的军事家产生了深远的影响。他已然成为勇敢、智慧与忠诚的象征。

在本书中，我们将从霍去病的诞生、成长、军事辉煌、离世等角度，全面而细腻地描绘这位英雄的一生。通过深入挖掘历史文献，我们力求还原一个真实、立体的霍去病形象，展现他的性格魅力与精神风貌。同时，我们也将深入探讨霍去病的军事思想与战术体系以及他对中国军事史的巨大贡献。

此外，本书还将聚焦于霍去病与汉武帝之间的关系，后世对霍去病的评价以及霍去病墓的情况。我们期望通过这部传记,让读者更加深刻地了解霍去病的一生,感受他那穿越时空的精神力量。

让我们一同踏入那段波澜壮阔的历史中,领略霍去病这位英雄的风采与传奇。

云中军

目录

序言		001
第一章	逆袭之家	001
第二章	宿怨难消	025
第三章	锋芒毕露	049
第四章	横扫河西	091
第五章	封狼居胥	129
第六章	未竟传奇	149
第七章	后世评说	159
第八章	霍去病墓	169
霍去病年表		201
后记		203

第一章 逆袭之家

元狩四年（前119），漠北的戈壁滩上，马蹄声如雷鸣，一队身披铁甲的年轻骑士疾驰而过，他们的身影在漫天的风沙中若隐若现。领头的是一位英姿飒爽的少年将军，他的身影矫健如鹰，目光锐利如刀。在他面前，那片荒凉无垠的大漠，正是他征服敌人的战场，没有任何力量能够阻挡他前进的决心和步伐。

他率领着麾下的骑兵，勇往直前深入敌军腹地，与敌军展开了一场惊心动魄的厮杀。敌军在他们的猛烈冲击下溃不成军，四散逃窜。少年将军乘胜追击，一路奇袭，直至狼居胥山（今蒙古国肯特山一带），几乎将敌军部队全数歼灭。

这场战役之后，敌军被迫远遁大漠深处，从此"漠南无王庭"（《史记·匈奴列传》）。这场胜利，对于汉王朝的统一和边疆的安宁，具有不可估量的重大意义。

为了祭奠那些在马背上并肩作战、死去的战友，这位少年将军在此"封狼居胥山，禅于姑衍，登临翰海"（《史记·卫将军骠骑列传》）。

这位鲜衣怒马、威震四方的少年将军，他的名字将永远镌刻在历史的长河中，他就是大司马骠骑将军——霍去病。

17岁，一战封侯，威名震慑四海。因为太过年轻，很多人称他为"少年将军"。

19岁，他骑术超凡，于祁连山下列阵，率领精锐之师打通河西走廊，将大汉的疆域强势拓展至西域，从此，丝绸之路畅通无碍，大汉的符号深深烙印其上。

21岁，他马踏匈奴，兵锋直逼贝加尔湖畔，迫使匈奴仓皇逃窜，漠南大地再无匈奴王庭的踪迹。这一役，霍去病不仅展现了无与伦比的勇猛与智谋，更是取得了中国武将梦寐以求的至高荣耀——封狼居胥，他的名字，自此镌刻在历史的丰碑上，光芒万丈，使得西汉众多武将在他面前黯然失色。

然而这位少年英雄似乎被命运嫉妒，23岁那年，他便因病离世，存世虽短，却留下了永恒的璀璨。

回溯至西汉建元元年（前140），平阳侯府内，一名叫卫少儿的女奴与平阳县小吏霍仲孺，不经意间孕育了一个生命，他就是霍去病。

谁又能料到，这个被视为私生子的孩子，日后竟会成为名震古今、令匈奴闻风丧胆的少年将军。

因他，汉武帝在朝堂之上面对百官自信满满地说："寇可往，我亦可往。"

因他，大汉的疆域西至漠北，凡日月所照之处，皆为大汉领土。

镜可正衣冠，史可鉴古今。无论是翻阅小说，还是观看荧屏，我们都能了解到霍去病是冠军侯，是西汉的杰出将领，是令匈奴胆寒的常胜将军。

或许有人会以为他出身显赫，父亲或是高官显贵，或是富商巨贾，但事实并非如此。

霍去病的母亲卫少儿，原是平阳侯府的一名普通女奴；父亲霍仲孺，是平阳县的一名小吏。他们的相遇，不过是霍仲孺酒后的一时冲动，而霍去病，便是这段短暂情缘的产物。

是的，霍去病是个私生子，一个从小不知父亲为何人的可怜的孩子。他出身贫寒，却胸怀青云之志，誓要以一己之力，改写命运，光耀门楣。

《汉书·卫青霍去病传》中记载："霍去病，大将军青姊少儿子也。其父霍仲孺先与少儿通，生去病。"这段简短的文字，可以看出，霍去病出身卑微，且为私生子，他的身世并不完美。

当16岁的汉武帝刘彻登基为帝时，他或许从未想过，自己同父同母的姐姐平阳公主的家中，竟会藏着这样一个未来能够威震天下的英雄。霍去病的故事，就像是一段传奇的序章，悄然铺展。

了解霍去病之前，不妨先了解一下他所处的时代背景。

虽然霍去病出身卑微，但他得到了命运的眷顾。他的舅舅，正是后来成为大汉名将的卫青。卫青的命运转折除了得益于卫家和自己的努力，更得益于汉武帝的姐姐平阳公主。平阳公主曾嫁与平阳侯曹寿。曹寿，字时，乃汉初名臣曹参的曾孙，世袭平阳侯之位。曹参，字敬伯，泗水郡沛县（今江苏省徐州市沛县）人，是西汉的开国功臣，继萧何之后担任汉朝第二位相国，位极人臣。

秦二世胡亥元年（前209），秦朝末年的农民起义如同燎原之火，迅速蔓延至全国各地。在这个动荡的时代背景下，刘邦，一个出身平凡的亭长，开启了他的崛起之路。刘邦原本是一个微不足道的小官，却因一次意外，释放了被押送的劳工，被迫走上了逃亡之路。

《史记·高祖本纪》中记载："高祖以亭长，为县送徒骊山，徒多道亡，自度比至，皆亡之。"

而此时陈胜的起义如同一块石头投入湖中，激起了层层波澜。沛县的县令看到起义的势头，想要响应，于是召回了刘邦。但是县令的犹豫和反悔，却意外地将刘邦推上了领导者的位置，从此，刘邦便踏上了反抗秦朝的道路。

在这个过程中，曹参对刘邦的崛起起到了重要的作用。从沛县起兵反抗秦朝开始，曹参就一直坚定地支持刘邦，历经多次战斗，屡立战功。他亲自带领部队攻下了两个国家和120个县，为刘邦建立霸业做出了巨大贡献。曹参的勇敢和智慧在每一场战斗中都得到了充分的体现,他不仅是刘邦的得力助手,更是他不可或缺的重要伙伴。

刘邦明白,仅凭自己的力量难以对抗整个秦朝。因此,他选择投靠项梁,借助项梁的力量来壮大自己。项梁成为起义军的领袖后,重建了楚国,并立芈心为楚怀王。随着反秦运动的发展,东方六国相继复国,与秦朝形成了对峙的局面。在此历史背景下,刘邦和曹参始终并肩作战,共同抵抗秦军的进攻。

秦军的杰出将领章邯一度让反秦势力感到恐惧。他在击败魏国后,乘胜攻入齐国,但在东阿之战中遭遇了项梁的顽强抵抗,最终败退。项梁随后派项羽和刘邦反击,但不幸的是,项梁因轻敌在定陶之战中战死。项羽和刘邦得知消息后,迅速撤退,楚国迁都彭城,准备与章邯决战。

在巨鹿之战中,章邯遭遇了项羽的致命打击。项羽以破釜沉舟的决心,大败秦军,俘虏了王离,迫使章邯投降。然而,项羽在接受章邯投降后,担心降兵叛乱,残忍地坑杀了20万秦军降兵。这一行为虽然巩固了项羽的军事地位,但也为他日后的失败埋下了隐患。

与此同时，秦二世对赵高的不满日益增加。赵高发动政变，杀死了秦二世，立子婴为秦王。但子婴设计杀死了赵高，却未能阻止秦朝的灭亡。刘邦趁机西进，攻占武关，直逼咸阳。子婴见大势已去，向刘邦投降，秦朝至此灭亡。

刘邦进入咸阳后，表现出了他的宽容和仁慈。他没有杀害子婴，而是将他交给他人看管。尽管张良的智谋在这个过程中也发挥了重要作用，但曹参的勇猛和忠诚更是刘邦能够顺利进入咸阳的关键。经过连年征战，刘邦最终在汉高祖五年（前202）登基称帝，建立了汉朝，开启了一个新的时代。

刘邦称帝后论功行赏，曹参位居第二，获封平阳侯。

《史记·曹相国世家》中记载："天下初定，悼惠王富于春秋，参尽召长老诸生，问所以安集百姓，如齐故诸儒以百数，言人人殊，参未知所定。闻胶西有盖公，善治黄老言，使人厚币请之。既见盖公，盖公为言治道贵清静而民自定，推此类具言之。参于是避正堂，舍盖公焉。其治要用黄老术，故相齐九年，齐国安集，大称贤相。"

到了汉惠帝时期，他更是官至丞相，与萧何合称"萧规曹随"。曹参为人豁达，好酒而不失风度，他的酒品和人品同样令人敬佩。

曹参的爱好除了治国理政外，便是饮酒。他日夜畅饮，若有人劝酒，他便一醉方休，让劝酒者无从开口。他的邻居们听到他饮酒时的喧哗声，不仅不加以制止，反而会唱歌助兴，与他共饮。

唐朝诗人刘禹锡在《酬乐天斋满日裴令公置宴席上戏赠》中写道："平阳不独容宾醉，听取喧呼吏舍声。"生动地描绘了曹参好酒的形象。

而曹参的曾孙曹寿，也如他曾祖父一样，风流倜傥、正直无私，因而赢得了汉武帝姐姐阳信公主的芳心。阳信公主嫁入平阳侯府后，因曹寿封爵平阳，故被称为平阳公主。平阳公主与曹寿的结合，不仅为霍去病的成长提供了一个相对优越的环境，更为他日后的崛起奠定了坚实的基础。

有了平阳侯这一层关系，霍去病的关系网悄然间被织就。曹寿身为平阳侯，公务繁忙，日理万机，府上琐事繁多，时常需要人手帮忙处理。于是，他频繁地向山西临汾的平阳县借调小吏来协助。在这一借一还之间,一个人的身影悄然走进了平阳侯府,也走上了历史的舞台。

此人模样清秀,气质出众,虽然只是一名临时工,但其能力却不容小觑。他处理事务井井有条,滴水不漏,对上能赢得主子的赏识,对下则能与众人打成一片,笼络人心更是他的强项。久而久之,他竟与平阳侯府上的一名女奴卫少儿产生了情愫。

没错,此人便是霍去病的生父,那个被曹寿从平阳县借调过来帮忙的小吏,名叫霍仲孺。尽管他只是个小小的县吏,但这并不妨碍他展现出过人的才干和魅力。卫少儿,一个未曾读过多少书的小丫鬟,哪里抵挡得住这种成熟稳重、才华横溢的男子的吸引?很快,她便陷入了爱河,与霍仲孺共度了一段甜蜜的时光。

好景不长,当霍仲孺得知卫少儿有了身孕时,他的内心充满了复杂的情绪。他深爱着卫少儿,甚至动过念头,想去找平阳侯曹寿说情,让他带着卫少儿离开这里,回到家乡过自己的小日子。然而,一想到卫少儿的身份和家境,他又犹豫了。

第一章 逆袭之家

卫少儿的身份，比起霍仲孺来说，确实有所欠缺。虽然她不缺吃穿，但家境毕竟普通，她的母亲卫媪是平阳侯府上的一个老侍女，而她的大哥卫长君和大姐卫孺都只是当时社会上的最底层人物。这样的家境，让霍仲孺不禁感到有些为难。

实际上，卫家还有一位成员，那便是卫少儿的妹妹卫子夫。当时的卫子夫只是公主私人乐队中的一个小歌女，身份卑微。

可谁又能料到这个看似不起眼的小歌女，日后竟会成为汉武帝的宠妃呢？

据《史记·孝武本纪》记载："孝武皇帝者，孝景中子也。母曰王太后。孝景四年，以皇子为胶东王。孝景七年，栗太子废为临江王，以胶东王为太子。孝景十六年崩，太子即位，为孝武皇帝。"

汉武帝刘彻，作为西汉王朝的第七位皇帝，其统治时期不仅标志着中国历史上一个重要的转折点，也深刻影响了后世对于帝王治国理念的认知。刘彻是汉景帝的第十子，母亲为王娡。在汉景帝四年（前153）的时候，年幼的刘彻被册封为胶东王，开始了他的王族生涯。然而，命运的车轮在汉景帝七年

（前150）发生了重大的转向，原本的栗太子刘荣被废黜为临江王，而胶东王刘彻则被立为新的太子。汉景帝在位十六年后去世，刘彻顺理成章地继承了皇位，开启了属于他的时代，后世尊称他为汉武帝。

刘彻即位之初，便展现出了非凡的政治远见和改革决心。建元元年（前140），他颁布了一道意义深远的诏令，面向全国征求贤良方正和直言极谏的人才。这一举措不仅彰显了他对人才的高度重视，也体现了他对于国家未来发展方向的深刻思考。为了选拔出真正有才华、有见识的人才，刘彻亲自主持了一场规模宏大的选拔考试，考试的主题定为"古今治国之道"。来自各地的精英纷纷响应，最终有100多人参加了这场考试。

在这次考试中，广川（今河北省景县广川镇）人董仲舒的表现尤为出色。他在试卷中详细阐述了自己的治国理念，深刻分析了治理国家的核心要素。董仲舒认为，"道"是治国的根本方法，仁爱、道德、礼教、音乐是实现这一方法的重要工具。他引用古代圣贤君王的例子，指出这些君王之所以能够长久保持王位，使天下享有数百年的太平，是因为他们重视礼乐教化，通过教化引导人民向善，从而维护了国家的稳定和繁荣。

董仲舒进一步强调，尽管每位君主都希望他们的国家能够长久和平、政权稳固，但实际情况往往并不如人所愿。许多国家因为管理不善而陷入混乱和危机之中，这主要是因为君主在选拔官员和制定政策时偏离了正确的道路。他引用孔子的话"人能弘道，非道弘人"，来强调国家的稳定与动荡、繁荣与衰败，都取决于君主自己的行为，而不是命运的安排。因此，君主必须承担起责任，以正直和真诚的心态来治理国家，从而有效地管理各级官员和民众。

董仲舒在强调教化的重要性时，使用了形象的比喻来描述人们对名利的自然追求。他指出，人们对名利的追求是天性使然，就像水流自然向下一样不可避免。如果没有通过教化来设立界限和指导方向，这种追求就会变得无序和泛滥，最终引发社会的混乱和不稳定。因此，古代的君王都明白教化的重要性，并将其视为治理国家的首要任务。当教化成效显著时，它能够促进良好风俗和习惯的形成，并使之代代相传，确保即使后代继续统治，国家政权也能维持长久的稳定，避免衰败。

董仲舒还提出了对人才培养的深刻见解。他认为，明智的君主应当重视对知识精英的培育，确保他们在成长阶段获得优质的教育，成年后能够获得与其能力相匹配的职位，并通过官职和薪酬来鼓励他们不断提升自己的道德品质和专业技能。同时，君主也应当运用法律手段来遏制犯罪行为，让犯罪者认识到对上级或长辈的不敬是一种耻辱。董仲舒特别强调，如果平时忽视了对知识分子的培养，却期待在紧急关头能够找到贤才，这就像期望未经雕琢的玉石自然散发光彩一样不切实际。因此，他向汉武帝建议建立高等教育机构，即太学，并聘请博学之士担任教师，以培养和发掘知识分子的才华和潜能。

董仲舒不仅强调了人才培养的重要性，还对当时的官员选拔机制提出了严厉的批评。他认为，当时的选拔制度过于依赖资历，而非真正的能力和道德品质。这导致了许多平庸之人因资历深厚而获得晋升，而真正有才华、有能力的人却因缺乏机会而无法得到应有的认可。为了纠正这一不公现象，董仲舒建议汉武帝要求各封国、各郡和高级官员每年推荐两名有才能的人到长安担任宿卫，以此让他们有机会学习国家治理的实务。

同时，他主张在官员晋升时，不应仅仅考虑资历，而应更加重视个人的工作效率、才能和道德品质的全面评估。

董仲舒在其对策中指出了逐步积累在个人修身和国家管理中的重要性。他认为，无论是提升个人品德还是治理国家，都应该从小事做起，持续积累。他以尧和舜为例，说明这两位古代的圣王并非一开始就拥有高位和权力，而是通过不懈地修炼道德和积累善行，逐渐获得了百姓的敬仰和支持。董仲舒特别强调，言行一致是治理国家的核心，正直的人应该通过自己的言行去塑造和改善社会风气。他还认为，汇聚众多小智慧可以成就伟大的事业，而在小事上保持谨慎和细心可以使个人的品德在社会中得到彰显。

董仲舒在讨论官员的廉洁和自律时，提出了一个深刻的见解。他认为，自然界中每一种生物都有其特定的角色和限制，没有一种生物能够集所有优点于一身。同理，官员在领取国家俸禄之后，应当全心投入到自己的职责中，不应再参与其他营利性质的活动。但现实中，许多官员虽然身居要职，却仍然贪婪地涉足商业和其他营利领域，与普通百姓争夺利益，这导致社会贫富差距加剧，普通民众生活更加艰难。这样的行为不仅违反了自然法则，也违背了官员应遵守的基本职责和道德规范。

在《汉书·董仲舒传》中记载了董仲舒的治国理念："大一统者，天地之常经，古今之通谊也。今师异道，人异论，百家殊方，指意不同，是以上亡以持一统；法制数变，下不知所守。臣愚以为诸不在六艺之科孔子之术者，皆绝其道，勿使并进。邪辟之说灭息，然后统纪可一而法度可明，民知所从矣。"

最后，董仲舒在讨论国家统一的问题时，强调了中央集权的重要性。他认为，各封国必须服从朝廷的领导，不能自行其是，这是维护国家统一和稳定的关键。他引用《春秋》中的理念，支持"大一统"的观点。但现实中，由于官员们追随不同的学派，持有不同的见解，导致上层决策者无法保持政策的一致性，法律和制度频繁变动，使得普通民众无所适从。为了结束这种混乱状态，董仲舒建议汉武帝取缔那些不属于"六经"范畴的学说，以及那些与孔子思想相冲突的理论，以实现思想上的统一和共识的形成。

汉武帝刘彻对董仲舒提出的策略表示了极大的赞赏，《汉书·董仲舒传》中记载:"对策毕,天子以仲舒为江都相。"后来,汉武帝开始更加主动地吸引和利用全国各地的人才,不拘泥于传统,广泛地任用他们。在汉武帝的倡导和支持下,许多才华横溢的人士获得了施展才华的平台,例如庄助、朱买臣、吾丘寿王、司马相如、东方朔等人,他们不仅得到了重用,而且在各自的专业领域内取得了显著的成就。

董仲舒的三次建议不仅对汉武帝而言提供了治国的宝贵智慧,也对中国历史产生了长远的影响。这标志着一个思想和学术自由竞争的时代的终结,以及儒家思想成为主导的新时代的开启。在此之前,中国的学术界如同百花齐放,百家争鸣,各种思想流派竞相发展,为中国的文化发展注入了强大的动力。

然而,随着董仲舒的建议被采纳,儒家思想逐渐占据了封建社会的主导地位,而其他学派则逐渐衰落,甚至消失。这一变化虽然有助于国家的统一和稳定,但也在一定程度上限制了人们的思想自由和创造力的发展。

在汉武帝刘彻致力于选拔人才时,卫子夫的得幸,改变了整个卫家的命运。如果当时的霍仲孺能够预见到这一点,或许他就不会选择偷偷抛弃卫少儿跑路了。

眼看着卫少儿的肚子一天比一天大，霍仲孺整日愁眉不展。正在此时，借调过来的日期到了。他算准时间，在卫少儿外出之时，选择了不辞而别。

这一别，便是终生未见。

这一别，也让他与大汉至高无上的权力失之交臂。

卫少儿生下来的是个男孩，因为从小体弱多病，因此给他取名霍去病。

这个名字，既寄托了母亲对孩子的殷切期望，也预示着孩子未来不平凡的一生。虽然霍仲孺无情地抛弃了她，但卫少儿仍然给自己的孩子选择了"霍"这个姓。

或许在她的心里，霍仲孺虽然是个无情无义之人，但他给她的爱却是货真价实的。要不然，霍去病可能就要取名为"卫去病"了。

霍去病身子柔弱，经常生病，实打实地成为了一个"吞金兽"。卫少儿那点微薄的俸禄，哪里撑得住他的消耗？为了能够让霍去病健健康康地成长，她只能把对霍仲孺的爱意深埋心底，然后抓住机会,和来平阳侯府做客的陈掌发展成了情人关系。

《史记·卫将军骠骑列传》中记载:"上闻,乃召青为建章监,侍中。及母昆弟贵,赏赐数日间累千金。君孺为太仆公孙贺妻。少儿故与陈掌通,上召贵掌。"

陈掌这位承袭了西汉开国功臣陈平爵位的贵族,因为这段关系,被汉武帝召见,担任了詹事一职,他的出现为霍去病的童年提供了一片相对安稳的天空。尽管霍去病的出身并不光彩,但作为陈掌的养子,他至少不必为生计发愁。

霍去病的命运转折,却并非仅仅因为陈掌的庇护,而是因为他体内流淌着的那股不屈不挠的血液,还有那个对他影响巨大的舅舅——卫青。

大将军卫青,名字犹如璀璨星辰,在中国古代历史的天幕上熠熠生辉。

他的故事,超越了个人英雄主义的范畴,成为家族命运与时代变迁交织的壮丽史诗,宛如一幅细腻入微又波澜壮阔的画卷,在我们眼前徐徐展开。

《史记·卫将军骠骑列传》中曾详细记载:"大将军卫青者,

平阳人也。其父郑季，为吏，给事平阳侯家，与侯妾卫媪通，生青。青同母兄卫长子，而姊卫子夫自平阳公主家得幸天子，故冒姓为卫氏，字仲卿。长子更字长君。长君母号为卫媪。媪长女卫孺，次女少儿，次女即子夫。"

卫青之父郑季，原来不过是一介微不足道的县中小吏，命运却因一次偶然的邂逅而悄然转折。在平阳侯曹寿的府邸中，他得以窥见上层社会的风光。

就在这看似平淡无奇的背景之下，郑季与平阳侯府中的侍女卫媪，悄然编织了一段隐秘的情愫。

这段虽不合礼教却充满真情的结合，孕育出了一个非凡的生命——卫青。

在那个等级森严的时代，底层人物想要触及上层社会的门槛，几乎是不可能的。特别是对于歌女、奴仆等身份卑微之人，即便才华横溢，也往往被出身所累，难以翻身。

若非卫青凭借姐姐卫子夫的得宠和自身过人的毅力和才华，在逆境中奋勇崛起，霍去病或许永远也无法踏入那高高在上的皇权殿堂，更无从谈起后来的辉煌成就。

第一章 逆袭之家

而卫青自己,也是凭借着卫子夫的入宫得宠,以及自身卓越的军事才能,逐渐赢得了汉武帝的信任和重用,成为了朝廷的中流砥柱。

在霍去病尚是稚嫩孩童之时,卫青已是大将军之尊,他的身份和地位,为霍去病提供了宝贵的成长条件,使他得以饱读兵书,开阔视野,锤炼心智。

可以说卫青不仅是霍去病的引路人,更是他生命中的灯塔。没有卫青的庇护和引导,霍去病或许会在历史的长河中默默无闻。

卫氏家族在卫子夫的庇护下,如同一棵参天大树,根深叶茂,生机勃勃。

而卫青、卫长君等兄弟,也各自在军中和朝廷中崭露头角,成为了汉武帝麾下的得力助手。

此外,卫子夫的同母异父弟步和广,也选择了"卫"姓,这一看似简单的决定背后,蕴含着深厚的家族荣誉感。

霍去病的传奇人生,始于平阳侯府的微末之地,却并未止步于此。他的一生是奋斗与荣耀的交织,是逆境中崛起的典范。

这位奴仆的私生子如何凭借坚韧不拔的意志和过人的才华，一步步成长为名垂青史的大将军？

这一切的起点，都离不开舅舅卫青的成长与崛起，他的故事如同一面镜子，折射出了霍去病整个童年的光影与色彩。

卫青初时仅为一名卑微的仆人之子，母亲为了让他过得好一点，将他送到了父亲郑季的家中。然而，这个家对他而言，却远非想象中的温馨避风港。与霍去病的成长相比，卫青的早年经历更为艰辛。

在郑季家中，卫青被安排去牧羊。这对于一个渴望自由与尊严的少年来说，无疑是一种极大的屈辱与煎熬。

据《史记·卫将军骠骑列传》中记载："青为侯家人，少时归其父，其父使牧羊。先母之子皆奴畜之，不以为兄弟数。青尝从入至甘泉居室，有一钳徒相青曰：'贵人也，官至封侯。'青笑曰：'人奴之生，得毋笞骂即足矣，安得封侯事乎！'"

这里生动地记载了卫青不平凡的经历。有一次，卫青随人来到了甘泉宫的居室，在这里，他邂逅了一个脖子上戴着铁枷的犯人。这个犯人虽然身陷囹圄，但眼神中却闪烁着与众不同

第一章 逆袭之家

的智慧与洞察力。

犯人仔细端详了卫青一番后，竟开口说道："你乃贵人，将来必能当大官，封侯拜相！"对于这样的预言，卫青只是淡然一笑。

他深知自己的出身与地位，对于封侯拜相这样的荣耀，他实在不敢有丝毫的奢求。他说道："我乃被人奴役之人所生的孩子，能不挨他人打骂便已心满意足，怎能奢望封侯之事呢？"这句话，既是对自己身世的无奈自嘲，也是对现实生活残酷性的深刻体悟。

卫青自知在郑季家中牧羊的生活不是他想要的，为了摆脱这种被人打骂、毫无尊严的处境，卫青又回到了平阳侯府，回到母亲的身边。

在一次宴会上，汉武帝偶然间见到了卫青的姐姐卫子夫。

卫子夫那绝世的美貌与超凡的气质瞬间吸引了汉武帝的注意。他当即决定，要将卫子夫纳入宫中为妃。对于卫青来说，这无疑是一个能够改变家族命运的千载难逢的机会，只要姐姐能够得到汉武帝的宠爱，那么自己和家人的生活也将迎来翻天覆地的变化。

果然，卫子夫入宫后，虽然宫廷斗争残酷，但最终得到了汉武帝的宠爱。她后来还为汉武帝生下了长子刘据（后来的皇太子，在巫蛊之祸中被汉武帝亲自处决），还逐渐在宫中稳固了自己的地位。随着卫子夫地位的提升，卫青也逐渐得到了汉武帝的赏识与重用。

他先是被任命为建章监，负责守卫皇宫的安全；后来又被提拔为侍中、中大夫等要职，成为了汉武帝身边的得力助手与亲信。

随着时间的推移，卫青逐渐成长为一个有担当、有勇气的青年才俊。而他真正的命运转折点，则是在建元二年（前139）的春天。

第二章 宿怨难消

"建元二年春,青姊子夫得入宫幸上。皇后,堂邑大长公主女也,无子。妒。大长公主闻卫子夫幸,有身,妒之,乃使人捕青。青时给事建章,未知名。大长公主执囚青,欲杀之。其友骑郎公孙敖与壮士往篡取之,以故得不死。上闻,乃召青为建章监,侍中。及同母昆弟贵,赏赐数日间累千金。孺为太仆公孙贺妻。少儿故与陈掌通,上召贵掌。公孙敖由此益贵。子夫为夫人。青为大中大夫。"(《史记·卫将军骠骑列传》)

那一年,春光正好,卫青的姐姐卫子夫以其倾城之貌,在平阳公主居住的平阳侯府被汉武帝带入皇宫。卫子夫宛如一朵娇艳的花儿,瞬间在皇城的深宫内院中绽放。她的出现,不仅为皇宫增添了新的色彩,更在不经意间搅动了后宫的风云。

汉武帝对她的宠幸,如同春日里的一缕暖阳,温暖而炽热,

第二章 宿怨难消

让卫家上下充满了前所未有的喜悦与期待。然而，这份喜悦对于皇后陈阿娇及其母亲堂邑大长公主刘嫖而言，却如同冬日里的寒风，刺骨而冰冷。

陈阿娇，这位自幼便生活在锦衣玉食之中的金枝玉叶，享受着世人难以企及的尊荣与宠爱。然而命运似乎总爱与人开玩笑，她虽贵为皇后，却未能为汉武帝诞下龙子，卫子夫的出现，更是让她在后宫的地位变得岌岌可危。

自古后宫是女子们没有硝烟的战场，身份地位的悬殊，让卫子夫在后宫的每一步走得可谓是惊心动魄。堂邑大长公主刘嫖对她动了杀心。刘嫖开始密谋一场针对卫家的阴谋，而卫青这个曾经默默无闻的骑奴，成为了她计划中的牺牲品。

她派人秘密逮捕了卫青，意图将他置于死地，以此来震慑卫家，让卫子夫在后宫中孤立无援。然而，命运似乎并不愿意让这位有着坚韧意志与不屈精神的年轻人就这样轻易地消逝。

在卫青生命垂危之际，是他的朋友们，骑郎公孙敖与一众壮士不顾个人安危，潜入囚禁之地，将卫青从死神的手中夺回。这场惊心动魄的救援行动，不仅挽救了卫青的生命，更让他深刻体会到了友情的珍贵与生命的脆弱。同时，这一事件也如同一颗石子投入平静的湖面，激起了层层涟漪，引起了汉武帝的注意。

汉武帝在得知卫青被救的消息后，心中不禁产生了好奇与兴趣。他召见了卫青，想要亲眼看看这位能够在绝境中生存下来的年轻人究竟有何不同。

当卫青站在他的面前，汉武帝被他的气质所吸引。卫青相貌堂堂，气质非凡，更重要的是，他的眼神中透露出一种难以言喻的坚毅与果敢，那是一种在逆境中磨砺出的坚韧，一种不畏强敌、勇往直前的勇气。

汉武帝的心中涌起了一股莫名的感觉，他直觉地认为，卫青是一个能够担当大任的人才，是一个值得培养与重用的栋梁之材。

于是，汉武帝做出了一个决定，他任命卫青为建章监，并加封他为侍中，这一任命对于卫青来说，无疑是人生一个巨大的转折点。

不仅让卫青在朝廷中站稳了脚跟，更让他有机会接触到更

第二章 宿怨难消

多的权贵与朝政大事，为他日后的崛起奠定了坚实的基础。而卫青也没有辜负汉武帝的期望，他凭借着自己的才华与努力，逐渐在朝廷中崭露头角，成为了一位备受瞩目的年轻官员。

随着卫子夫在宫中得到汉武帝的宠爱，卫青和卫家的地位得到显著的提升，他和同母兄弟们也开始受到了汉武帝的重用。

卫孺嫁给了太仆公孙贺为妻，成为了上层中的一位贵妇，享受着荣华富贵；卫少儿因与陈掌有染，汉武帝就召见了陈掌，并使他显贵起来。这一系列的举动，无疑是汉武帝对卫家的一种肯定与赏识，也是汉武帝对卫青的一种信任与期望。

而公孙敖，这位曾经救过卫青一命的勇士，也因为他的忠诚与勇敢，越来越受到汉武帝的赏识和重用。他成为了卫青在朝廷中的得力助手，与卫青一起并肩作战，共同为汉朝的繁荣与稳定贡献着自己的力量。

在卫家逐渐崛起的同时，卫子夫在后宫中的地位也越来越稳固。她凭借着自己的智慧与美貌，逐渐赢得了汉武帝的宠爱与信任。建元三年（前138）卫子夫被封为夫人，后因在元朔元年（前128）生下太子刘据，被册立为皇后。卫子夫成为了后宫中的一位重要人物。

卫青的地位也随着姐姐的崛起而再次得到了提升。他被任命为大中大夫,成为了朝廷中的一位重要官员,参与着国家大事的决策与执行。

元光五年(前130),匈奴与汉朝之间爆发了一场规模空前的战争。

《史记·匈奴列传》中记载:"匈奴,其先祖夏后氏之苗裔也,曰淳维。"

匈奴的起源非常古老,其族源可以追溯到夏朝王族的后代淳维。在唐尧、虞舜的时代之前,北方的边远地区就已经有山戎、猃狁、荤粥等部落居住。这些部落随着季节和水草的变化而迁徙,以游牧为主要生活方式,主要放牧马、牛、羊,同时也会饲养骆驼、驴等动物。他们没有建造城池,也没有固定的居住地,农业不是他们的生活来源,而是各自占据特定的放牧区域。而这些民族,也成为了后世所说的匈奴的前身。

由于没有文字和书面记录,匈奴人通过口头传播来保持文化和行为规范的传承。在和平时期,他们过着游牧的宁静生活,并通过狩猎来补充食物。但是,一旦遇到紧急情况,他们能够迅速组织起来,每个人都会练习战斗技能,准备进行攻击和掠夺,这几乎成了他们的天性。

在武器使用上,匈奴人将弓箭作为主要的远程武器,同时也装备有刀剑、短矛等近战装备。他们擅长根据战场形势灵活调整战术,有利时进攻,不利时撤退,不以撤退为羞耻。在追求利益时,匈奴人往往不受传统道德观念的束缚,展现出一种强悍而实际的民族特质。

此后在漫长的千年历史长河中,中原各国长期与周边的游牧部落进行着对峙与斗争,特别是山戎各部,侵略性极强,和周朝及各诸侯国互有胜负。但终归还是中原诸侯国技高一筹,整体上控制了西戎的势力。匈奴在这段时间悄然崛起,逐渐成为北方草原上的一支重要力量,并开始威胁着战国时期中原各国的北部边疆。

在这一时期,华夏地区涌现出了七个强大的国家,其中有三个国家与匈奴接壤,面临着来自北方的威胁。为了抵御匈奴的侵袭,秦国在这些地区建造了长城。同时,受到北方游牧民族作战能力的启发，赵武灵王实施了一系列改革措施，包括改变传统服饰，采用胡服以及积极训练骑射，以此提升军队的战斗能力。通过这些改革，赵武灵王成功地战胜了北方的林胡和楼烦部落，并在代地沿着阴山一带直至高阙修筑了长城，作为防御工事。他还建立了云中郡、雁门郡、代郡等行政区，以加强边境防御。

燕国同样为了防御北方游牧民族的侵扰，修筑了长城，从造阳一直延伸到襄平，并设置了上谷郡、渔阳郡、右北平郡、辽西郡和辽东郡等行政区划。

随后，秦朝统一了六国。

在《史记·秦始皇本纪》中记载："三十三年，发诸尝逋亡人、赘婿、贾人略取陆梁地，为桂林、象郡、南海，以適遣戍。西北斥逐匈奴。自榆中并河以东，属之阴山，以为三十四县，城河上为塞。又使蒙恬渡河取高阙、陶山、北假中，筑亭障以逐戎人。徙谪，实之初县。禁，不得祠。明星出西方。三十四年，適治狱吏不直者，筑长城及南越地。"

秦始皇为了巩固边疆安全，派遣蒙恬带领10万大军北伐匈奴，成功收复了黄河以南的土地。为了防御匈奴的再次侵扰，秦始皇利用黄河作为自然防线，在黄河沿岸建立了44座县城，并将被判罚守边的人迁移到这些县城。他还下令建造了一条从九原直通云阳的直道，利用山地、险要的沟壑和溪谷等自然地形建造城池，这条直道从西端的临洮一直延伸到东端的辽东，总长度超过1万华里。同时，秦军还渡过黄河，占领了阳山和北假地区，进一步扩大了疆域。

这一时期，东胡势力强大，月氏也处于兴盛阶段。匈奴的首领头曼，由于无法抵挡秦国的压力，他选择率领部落向北迁徙。10多年的时间转瞬即逝，蒙恬去世，中原各地诸侯纷纷起兵反叛秦国，战乱频仍。那些曾被秦朝流放至边疆戍守的人，也趁此机会纷纷离去。这使得匈奴得到了喘息之机，他们逐渐渡过黄河，重新在南面与中原以过去的边塞为界。

从淳维到头曼，匈奴的势力经历了1000多年的时间，时而强大时而衰弱，部落时而团结时而分散。由于时间过于久远，他们的世系传承已经难以详细追溯，变得朦胧不堪。然而，到了冒顿单于时期，匈奴的势力达到了前所未有的巅峰，征服了北方的大部分草原部落，与南方的汉朝形成了对峙。从这时起，匈奴的世系和国家的官职名号开始被详细记录。

那时的匈奴设立了包括左右贤王、左右谷蠡王、左右大将、左右大都尉、左右大当户以及左右骨都侯等官职。在匈奴语中，"贤"被称为"屠耆"，因此他们常常将太子封为左屠耆王。从左右贤王以下至当户，官职较高的掌握万名骑兵，较少的也有数千骑兵。这些高级官员共有24位，统称为"万骑"。这些大臣的职位是世袭的，其中呼衍氏、兰氏以及后来的须卜氏，是匈奴的三大贵族姓氏。

左方的诸王居住在东方，面对上谷郡以东的地区，东部与秽貉、朝鲜接壤。右方的诸王居住在西方，面对上郡以西的地区，与月氏、氐、羌等部落相邻。单于的主营地则位于正对汉朝代郡和云中郡的位置。这些部落各有自己的领土，他们根据水草的丰茂程度而迁徙。其中，左右贤王和左右谷蠡王的领地最为广阔。左右骨都侯则协助单于治理国家。这24位首领还可以各自设立千长、百长、什长等下级官员来协助管理。

之后，冒顿单于进一步向北扩张，连续征服了浑庾、屈射、丁零、鬲昆、薪犁等国。这一系列的军事胜利使得匈奴贵族和大臣们对冒顿单于的领导能力更加钦佩。

这个时期，汉朝刚刚结束了中原的战事，将韩王信调至代国，并在马邑城建立都城。然而，匈奴趁机大规模进攻马邑，韩王信在无法抵抗的情况下选择了投降。匈奴得到韩王信后，力量更加强大，他们挥师南下，越过句注山，一直打到太原，逼近晋阳城。面对匈奴的强烈攻势，刘邦亲自带领军队迎战。

当时正值寒冬，大雪纷飞，冒顿单于巧妙地利用恶劣天气，假装败退以引诱汉军深入追击。汉军没有怀疑，全力追击冒顿，却不知道冒顿已经隐藏了主力，只留下一些老弱残兵作为诱饵。于是，汉朝动员了全部兵力，主要是步兵，总计32万人，大规模北上追击匈奴。

汉高祖刘邦率领少数人马先行到达平城，而步兵大军尚未全部抵达。此时，冒顿单于指挥着40万精锐骑兵，将刘邦团团包围在白登。汉军被围困长达七天七夜，内外无法相通，军粮也即将耗尽。刘邦无奈之下，只好派使者暗中向冒顿单于的妻子阏氏送上厚礼，请求她帮忙说情。阏氏收到礼物后，便对冒顿单于说:"两国的君王不应该相互逼迫得太紧。即使你得到了汉朝的土地,终究也无法长久居住。而且,汉王也是有天神庇佑的,希望你能够三思而后行。"

另一方面,冒顿单于原本与韩王信的将军王黄、赵利约定了会师的日期,但王黄和赵利的军队却迟迟未到。这让冒顿单于心生疑虑,怀疑他们与汉军有勾结。在这种情况下,冒顿单于采纳了阏氏的建议,决定解除对汉军的一部分包围。刘邦趁机命令士兵们拉满弓弦,搭上箭矢,面向外敌,从解开的包围圈一角冲出了重围,最终与大军会合。而冒顿单于见状,也领兵撤退。

韩王信在投降匈奴后,被任命为匈奴的将军。他与赵利、王黄等人多次违背汉匈之间所签订的盟约,对代郡和云中郡进行了侵扰。不久之后,汉朝将军陈豨发动叛乱,与韩王信勾结,共同谋划进攻代地。为了应对这一局势,汉朝派遣樊哙率军出征,成功夺回了代郡、雁门和云中等地,但并未深入塞外追击。

由于当时有许多汉朝将军投降匈奴,冒顿单于因此频繁侵扰代地。汉朝对此深感忧虑,为了缓和关系,刘邦决定派遣刘

第二章 宿怨难消

敬护送宗室公主前往匈奴,嫁给单于,并每年向匈奴赠送一定数量的棉絮、丝绸、酒水、粮食等物资,与匈奴结盟,实施和亲政策。

这一举措在一定程度上减少了匈奴的侵扰。

没承想,后来燕王卢绾也发动了叛乱,他率领数千名党徒投降了匈奴,并再次对上谷以东的地区进行了侵扰。

汉高祖刘邦逝世之后,吕太后掌握了汉朝的政权。

当时,汉王朝刚刚经历过一番动荡,国内形势尚未彻底稳固,这使得匈奴的气焰更加嚣张。冒顿单于甚至在给吕太后的书信中表现出极度的傲慢和不敬。尽管吕太后对此感到愤慨,但鉴于汉朝当时的国力和刘邦生前所遭遇的困境,她选择了克制,没有轻率地发动对匈奴的军事行动,而是继续采取和亲政策,以保持边疆的相对和平。

在汉文帝即位之初,汉朝为了保持与匈奴的和平关系,再次实施了和亲政策。然而,在汉文帝三年(前177)五月,匈奴的右贤王却违反了和平协议,率领军队占领了河南地区,并攻击了上郡边境,导致当地居民遭受了严重的生命和财产损失。

面对这一突发事件，汉文帝迅速做出反应，命令丞相灌婴带领8.5万名车骑兵力迎击匈奴，对右贤王的军队进行反击。

双方经过激烈的战斗，右贤王被迫撤退，逃回了自己的领地。

随后，汉文帝亲自前往太原指挥战事，但在此期间，济北王刘兴居却趁机发动了叛乱。为了稳定国内局势，汉文帝不得不返回首都，并命令丞相撤军。到了次年，匈奴单于向汉朝发出了一封书信，表达了他们希望结束战争、消除前嫌、恢复旧盟，并共同维护边境安全，恢复双方友好关系的意愿。这封信的到来，促使汉朝朝廷开始认真考虑如何回应。

在朝廷的讨论中，大臣们纷纷提出自己的见解。他们认为，鉴于单于刚刚击败了月氏，匈奴的士气正旺，此时与匈奴开战并不明智。同时，匈奴居住的地区多为不适宜居住的低洼盐碱地。因此，他们建议继续采取和亲政策，以保持与匈奴的和平。最终，汉文帝接受了这一建议，同意了匈奴的请求，决定继续通过和亲政策来维护边疆的稳定。

在冒顿单于逝世后，他的儿子稽粥继位，成为了老上单于。老上单于刚刚登基时，汉朝的汉文帝为了表示友好，决定将一

第二章 宿怨难消

位皇室公主嫁给单于作为妻子，并指派宦官中行说作为护送使者。但是，中行说并不愿意前往匈奴，尽管如此，他还是被汉朝强迫执行这项任务。

在出发前，中行说曾威胁说："如果非要我去，我将成为汉朝的大患。"结果，他一到匈奴就立刻投靠了单于，并迅速获得了单于的信任。

起初，匈奴对汉朝的缯絮和食物颇为喜爱。但中行说却向单于进言："匈奴的人口虽然比不上汉朝的一个郡，但匈奴之所以强大，正是因为匈奴的衣食与汉人不同，不依赖于汉朝。如果单于现在改变原有的风俗，喜欢上了汉朝的东西，那么汉朝只需拿出很少的一部分物产，就能将整个匈奴收买。"中行说的这番话深深影响了单于，使他对汉朝的态度开始发生转变。

此后，汉朝给单于的书信都是用一尺一寸长的木简书写，开头通常是"皇帝敬问匈奴大单于无恙"，然后写明赠送的物品和要传达的话。但是，中行说却建议单于用一尺二寸长的木简回信给汉朝皇帝，并且信封上的印章也更大更长。在信的开头，他傲慢地写道："天地所生、日月所置的匈奴大单于敬问汉朝皇帝无恙。"然后再附上赠送的物品和要传达的话。

这种行为无疑是对汉朝皇帝的挑衅。

每当汉朝的使者前来指责匈奴的不当行为时，中行说总能巧妙地为匈奴辩护，使得汉朝的使者无法进行有效的反驳。他的存在无疑加剧了汉匈之间的紧张关系。

自那以后，每当汉朝的使者试图与匈奴进行辩论时，中行说总是打断他们，强调："你们无需多言，我们匈奴只关心汉朝送来的缯絮、米蘖等物资是否充足且质量上乘。只要这些物资齐全且优质，其他的话就不必多说了。而且，汉朝必须确保供给的物资始终如一，如果有所欠缺或者质量粗劣，那么等到庄稼成熟之时，我们匈奴的铁骑将会踏平你们的田地。"

此外，中行说还不断地向单于灌输战争策略，教导他如何等待有利的进攻时机和选择合适的进攻地点。

"冬，匈奴老上单于十四万骑入朝那、萧关，杀北地都尉卭，虏人民畜产甚多；遂至彭阳，使奇兵入烧回中宫，候骑至雍、甘泉。帝以中尉周舍、郎中令张武为将军，发车千乘、骑卒十万军长安旁，以备胡寇；而拜昌侯卢卿为上郡将军，甯侯

第二章 宿怨难消

魏遬为北地将军,隆虑侯周灶为陇西将军,屯三郡。上亲劳军,勒兵,申教令,赐吏卒,自欲征匈奴。群臣谏,不听;皇太后固要,上乃止。于是以东阳侯张相如为大将军,成侯董赤、内史栾布皆为将军,击匈奴。单于留塞内月余,乃去。汉逐出塞即还,不能有所杀。"(《资治通鉴》)

汉文帝十四年(前166),匈奴单于率领着14万骑兵大举入侵朝那、萧关等地,杀死了北地都尉孙卬,并劫掠了大量的百姓和牲畜。随后,他们继续深入,抵达了彭阳,并派出突击队侵入并烧毁了回中宫。匈奴的侦察兵甚至到达了雍地的甘泉宫附近。

面对匈奴的嚣张气焰,汉文帝当即任命中尉周舍、郎中令张武为将军,率领千辆兵车、10万骑兵驻守在长安附近,以防备匈奴的进一步侵扰。同时,他还任命昌侯卢卿为上郡将军、宁侯魏遬为北地将军、隆虑侯周灶为陇西将军、东阳侯张相如为大将军、成侯董赤为前将军,率领大军出动战车、骑兵前往攻打匈奴。

然而,匈奴单于在汉朝边塞逗留了一个多月后便撤离了,汉朝的兵马虽然追出塞外，但并未能取得实质性的战果。

在之后的日子里，匈奴的侵略行为越发频繁和嚣张，每年都会入侵边境地区，屠杀和掳掠大量的百姓和牲畜。其中，云中郡和辽东郡受到的侵害最为严重，而代郡更是有1万多人被掠杀。汉朝廷对此深感忧虑，不得不再次派遣使臣向匈奴送去书信，以寻求和平解决之道。而单于方面也派出了一个当户前来回信，表达了谢罪之意，并再次商讨了和亲之事，希望能够通过外交手段缓和双方的紧张关系。

汉文帝十八年（前162），汉朝派遣使者向匈奴送去了一封书信，其中不仅传达了皇帝对匈奴大单于的诚挚问候和对其安康的深切关怀，还对匈奴通过当户且居雕渠难和郎中韩辽送来两匹马表示了深深的谢意，并已妥善地接受了这份礼物。

汉文帝在书信中回顾了汉朝与匈奴之间的历史关系，明确指出长城以北是匈奴的游牧之地，由单于统治；而长城以南则是汉朝的礼仪之邦，由汉朝皇帝治理。双方本应各自安好，让百姓安居乐业，共享太平。过去曾有一些不法之徒为了贪图小利，背弃了信义，破坏了和约，给两国人民带来了灾难，也损害了两位君主之间的友谊。但这些都是过去的事情了，汉朝愿意既往不咎。

信中特别提及了匈奴首领在先前的通信中提出的愿景，即双方通过和亲政策来实现和平与共同繁荣。汉文帝对此表示了强烈的支持，并认为这与圣人追求的不断自我更新、勇于改正错误以及关怀民众的理念不谋而合。作为实力对等的邻邦，汉朝和匈奴应当遵循这一原则，顺应自然法则，关心民间疾苦，世代保持友好，从而使两国人民都能从中受益。

信中还强调，尽管汉朝和匈奴地理环境和气候条件不同，但两国君主都是天下百姓的父母。历史上的纷争和误会多是由个别谋士的错误引起的，这些不应成为影响两国兄弟般关系的障碍。汉朝期望与匈奴放下过去的分歧，携手遵循正义之道，忘却旧日的不愉快，共同努力实现持久的和平与友好关系。

最后，书信提出汉朝愿意接纳所有愿意归顺的匈奴人，这是上天赋予的善良之德。同时，汉朝也承诺不再追究过去逃亡到匈奴的汉人的罪责。书信以古代帝王约定分明、从不食言的典故为结尾，希望匈奴单于能够牢记盟约精神，共同维护天下太平。汉朝在两国和亲之后将坚守承诺，绝不首先背约，希望匈奴单于能够信守承诺、共谋大计，以确保两国之间的和平与友好关系能够长久持续。

根据历史文献的详细记载，可以明确地观察到汉朝在当时是真诚地追求与匈奴之间的和平共存。在单于同意和亲盟约之后，汉文帝又向御史发出了明确的命令。

汉文帝指出，匈奴大单于在信函中已经表明，和亲事宜已经敲定，以往那种以牺牲士兵生命为代价的战争并不能真正增加人口或扩大疆土。为了保持双方的和平状态，匈奴承诺不再侵犯汉朝的边境，同时汉朝的人民也不得越境制造事端。任何违反这一和平条约的行为都将受到严厉的惩处，甚至可能被立即执行死刑。

这样的规定有助于双方长期维持友好关系，避免未来可能发生的冲突和灾难，于汉朝和匈奴都是极为有利的。

汉文帝希望这一重要信息能够被广泛传播，让全国的百姓都能了解并遵守。因此，他指使御史向全国发布公告，确保每一位汉朝的子民都能清楚地了解这一和平盟约的具体内容。

第二章　宿怨难消

到了汉文帝二十年（前160），老上单于去世，其子军臣顺利继位，成为新的单于。

军臣单于继位之后，汉文帝再次表达了与匈奴和亲的意愿，并且将这一意愿付诸实践。中行说也继续侍奉着军臣单于，继续影响着两国之间的关系。

在军臣单于即位的第四个年头，匈奴又背弃了先前与汉朝签订的和亲协议，对汉朝的上郡和云中郡发起了大规模的军事行动。匈奴分别派遣了3万名骑兵，对这两个地区进行了猛烈的攻击，造成了大量汉人的伤亡，并掠夺了大量财物后撤退。

面对匈奴的这一侵略行为，汉朝立即采取了应对措施，派遣了张武等三位将领，带领部队驻守在北地、代国的句注山以及赵国的飞狐口等边境要塞，以加强边防，防止匈奴的进一步侵略。同时，汉朝还命令周亚夫等三位将领率领军队驻守在长安西边的细柳、渭河北岸的棘门和灞上等地，构建了一道坚固的防线。

当匈奴骑兵入侵到代地句注山的边界时，边疆的烽火台迅速燃起报警的烽火，这一警报一直传递到甘泉和长安，引起了汉朝朝廷的高度警觉。然而，几个月后，当汉军集结到边境准备迎战时，匈奴却已经远远地撤离了边塞，汉军因此也取消了进一步的军事行动。

一年后，汉文帝离世，汉景帝继位。在这个政权交替的关键时刻，赵王刘遂秘密与匈奴勾结，图谋不轨。在吴楚七国之乱爆发时，匈奴甚至有意向与赵国联合，共同侵犯汉朝的边境。好在汉朝廷迅速采取行动，果断平息了赵国的叛乱，从而挫败了匈奴的入侵计划。

为了维护边境的和平与稳定，汉景帝在位期间又一次与匈奴达成了和亲协议，并重新开放了边境贸易。

汉朝不仅赠送匈奴礼物，还派遣公主下嫁匈奴，以此来加强双方的友好关系。这些和平措施一直持续到汉景帝去世。在此期间，虽然匈奴偶尔会有一些小规模的侵扰，但再也没有发生过大规模的侵略行为，边境地区相对保持了和平。

汉武帝刘彻继位特别是亲政之后，改此前屈辱的"和亲"政策，转而对匈奴实施军事打击。

于是，汉朝内部暗中策划了一场针对匈奴的军事行动。他们指使马邑城的商人聂翁壹故意违反禁令，私下与匈奴进行交易，并谎称愿意出卖马邑城，以此作为诱饵，引诱单于率军入侵。

单于自然被这一消息吸引，加之对马邑城的财富垂涎已久，当即率领 10 万骑兵侵入了武州边塞。

"汉使马邑下人聂翁壹间阑出物与匈奴交，阳（佯）为卖马邑城以诱单于。单于信之，而贪马邑财物，乃以十万骑入武州塞。汉伏兵三十余万马邑旁，御史大夫韩安国为护军，护四将军以伏单于。"（《史记·匈奴列传》）

为了伏击单于，汉朝在马邑城附近预先部署了 30 余万大军，由御史大夫韩安国担任护军将军，统领四位将军准备发起攻击。然而，当单于率军深入汉朝边塞，距离马邑城还有百余里时，他注意到了一些异常情况：虽然牲畜遍布，却无人放牧。单于对此感到疑惑，决定攻打附近的侦察哨所以探查情况。

彼时，雁门郡的一名尉史正在执行巡逻任务，察觉到敌军的接近后，他迅速隐蔽在了侦察用的哨站中。他对于汉朝的伏击计划了如指掌，在被单于捕获并面临生命危险时，为了自保，他将汉军的伏击位置泄露给了单于。

得知这一情报后，单于极为震惊，并表示："我本来就对此行动感到怀疑。"随即，他下令部队立即撤回匈奴的领地。在离开边境时，单于感慨地说："我能获得这位尉史，是天意，是上天派他来向我揭露真相的。"因此，他将这位尉史尊称为"天王"。

原本，汉军的计划是在单于进入马邑城时发动突袭，但由于单于的提前撤退，汉军的伏击计划未能实现，没有取得任何成果。特别是负责从代郡出发攻击匈奴后勤部队的王恢，在得知单于撤退的消息后，由于敌军势大而不敢轻举妄动。朝廷认为王恢作为这次伏击计划的发起人却未能执行任务，因此对他进行了处决。

此次事件被称为"马邑事件"。

之后，匈奴断绝了与汉朝的和亲关系，开始频繁地进攻守卫大路的要塞，并不断入侵和掳掠汉朝的边地。

正是因为匈奴的"不稳定"，导致了马邑之谋的发生。

在马邑之谋后，匈奴与汉朝的关系进入白热化，也是下面这场大战的导火索之一。

第二章 锋芒毕露

河套地区，即黄河曲折环绕而形成的半环状肥沃区域，其位于黄河几字弯之处。此区域被划分为"前套""后套"以及"西套"，这三者共同构成了三套平原。尽管其处于400毫米等降水量线以北，不过幸得北侧阴山山脉的庇护。阴山山脉宛如一道坚固的屏障，阻拦了南下的寒冷气流，同时又仿若一张温床，挽留了北上的暖湿气流，正因如此，这里的草木依然生长得极为繁茂。

三套平原地势平坦，土地肥沃，灌溉条件也极为便利，从古至今都是适宜农耕与畜牧的宝地。从这片富饶的平原出发，登上阴山的山顶，再行至阴山北麓，便进入到了辽阔无边的蒙古高原，那里草原与荒漠相互交融，呈现出一幅雄浑而壮美的景象。

第三章 锋芒毕露

夏天的时候，草原上的牧民们能够在阴山的南北两侧自由地迁移放牧。可一旦冬日的凛冽寒风呼啸而至，又有谁会不向往那温暖湿润的栖息之所呢？草原的子民们固然能够忍受严寒，但是在他们的内心深处，又怎会不憧憬温暖呢？于是，阴山南麓以及黄河河套这片在史书中被称为"河南地"的区域，就成了匈奴等游牧民族生存繁衍、养精蓄锐的理想家园。

此地不仅是匈奴人积聚力量、策划入侵中原的基地，也是他们不断骚扰汉朝、扩张领土的前线阵地。

汉朝决定采取正面对抗，对匈奴的侵扰进行回击。

《史记·卫将军骠骑列传》中曾载："元光五年，青为车骑将军，击匈奴，出上谷；太仆公孙贺为轻车将军，出云中；大中大夫公孙敖为骑将军，出代郡；卫尉李广为骁骑将军，出雁门，军各万骑。青至龙城，斩首虏数百。"

此次出征，汉朝并未出动全部兵力，而是精心挑选出4万精锐骑兵。这些骑兵被分成四路大军，分别从四个不同的方向朝着匈奴展开攻击行动。卫青被任命为车骑将军，出上谷郡，即从现今河北省张家口市一带出发；公孙敖身为骑将军，出代郡，也就是从现在河北省蔚县的位置出军；公孙贺作为轻车将军，出云中郡，即从现今内蒙古自治区托克托县之地出征；李广则以骁骑将军之名，出雁门郡，也就是从今天山西省右玉县南部地区挥师北上。

四位将军各自率领着一万精锐铁骑，深入到匈奴的领地之中，就此展开了异常激烈的战斗较量。对于汉朝来说，这是一场关乎国家尊严与边疆安宁的战争，是一场必须赢得胜利的战争。

而对于卫青而言，这更是他军事生涯中至关重要的一役，是他从一名骑奴成长为车骑将军的试金石。

在这四位将领里面，公孙敖、公孙贺以及李广均是从行伍之中逐步成长起来的，他们经历过许多次沙场的洗礼，拼搏多年，战功卓著。而卫青却恰似一颗刚刚崭露头角的新星。汉武帝把直面匈奴主力部队的艰巨重任交付于他，这无疑是对他的一次严峻的考验。

朝堂之上，或许会有一些人在心里暗自怀疑：仅仅靠着宠妃弟弟这样的身份，卫青难道真的有能力肩负起对抗匈奴主

第三章 锋芒毕露

力部队这么重大的责任吗？尤其是那些和陈皇后及馆陶长公主关系较为紧密的人，他们心中的这种疑虑恐怕会更为强烈。

相较而言，众人对于李广所率领那一路军队的战果充满了期待。

李广出生于陇西成纪，也就是现今甘肃天水附近的地方，他的家族显赫，其先祖乃是秦国的名将李信。他自小就对骑术以及箭法展现出了天赋，在少年时期就已经荣获"箭神"的称号。

汉文帝在位期间，匈奴的军队曾经一路侵犯到萧关，李广听闻消息之后，果断地以良家子的身份投身于军队之中。他依靠着精湛的骑射技术，在战场上一次又一次创下战功，击溃的敌人多得难以计数，也正因如此，他被提拔成为汉中郎。

当时，李广经常陪在汉文帝的身旁。不管是在冲锋陷阵的时候，还是在攻克关隘、战胜敌人之际，李广都毫无畏惧地奋勇向前，甚至还有与猛兽进行搏斗的勇气，着实让人为之惊叹。

汉文帝对李广的才能给予了很高的评价，认为如果李广生活在汉高祖时期，凭借他的才能，获得万户侯的封号是轻而易举的事情，这也从侧面说明了汉文帝对李广的赞赏和期望。

到了汉景帝时期，当七国之乱发生时，李广与周亚夫一同出征，表现出了英勇的作战能力。特别是在攻打昌邑城的战斗中，他勇猛地冲在最前线，夺取了叛军的旗帜，战功显赫，使他的名声大振。但由于他接受了梁王刘武赐予的将军印，并没有得到应有的奖赏。

在之后的岁月里，李广担任了上谷、陇西、北地、雁门、代郡、云中等地区的太守，长期在边疆与匈奴进行抗争，每一场战役都以他的勇猛而闻名。

在上谷任职期间，李广与匈奴的频繁征战让典属国公孙昆邪感到忧虑，于是他在汉景帝面前流下了眼泪，并恳求说："李广的才能是独一无二的，他过于自信，经常与匈奴作战，我担心他会遭遇不幸。"

汉景帝听到这些话后，意识到李广的重要性，随即决定将他调离上谷，以更好地保护这位宝贵的将领。由此可见，汉景帝也同样重视李广的才能。

后来有一年，匈奴对上郡（今陕西省榆林市周边区域）发

第三章 锋芒毕露

动了大规模的入侵。汉朝派出1名地位显贵的侍从宦官,令其负责训练士兵来抗击匈奴的侵略行径。这位宦官带着几十名骑兵在草原上飞奔驰骋,不想遭遇了3名匈奴骑兵。宦官当即下令追击,可没想到他所率领的骑兵竟然全被匈奴的神箭手射杀,他自己也被射中一箭,只能仓皇地逃到李广那里求救。

李广得知情况后,心里立刻有了判断:这肯定是匈奴中赫赫有名的射雕者。所谓射雕者,那可是匈奴里箭术极为高超之人,就像古代的顶级狙击手一般。

李广迅速集结了100名骑兵,顺着踪迹追去。那3名射雕者之前被汉军追击得疲惫不堪,此时已经下马改为步行。

李广率军快速靠近后,随即命令骑兵从左右两边包抄过去,形成了包围圈,但并没有急于发起攻击。他自己冲锋在前,挥刀斩杀两人,剩下一人被活捉。经过一番审问,确定就是匈奴的射雕者。汉军把这个俘虏紧紧地捆绑起来,放在马背上,正打算回营地时,却远远看到尘土漫天飞扬,数千匈奴骑兵如潮水一般奔腾而来。

匈奴人看到李广,发现他手下的士兵寥寥无几,心里不禁起了疑心，觉得李广是用自己当诱饵，想要引他们上钩，然后设下埋伏。于是，他们急忙查看周边地形，看到一座小山后，就迅速登上山顶，摆好阵势，严阵以待。

而李广这边，兵马不过百余人，士兵们看到匈奴人数远远超过自己，心里害怕极了，都产生了逃跑的想法。

李广严肃地说道："目前我们与主力部队相隔几十里。如果我们这100多人现在就逃跑，匈奴兵必定会追上来，我们很快就会被消灭。但如果我们保持不动，匈奴兵会认为我们在设陷阱，引诱他们深入，这样他们就不敢轻易攻击我们。"

于是，李广果断地下令："继续前进！"100名汉军骑兵毫不犹豫地向前推进，直到接近匈奴阵地两里的地方才停下来，列开阵势。

接着，李广又发出了一个出人意料的命令："所有人下马，卸下马鞍！"

一旦马鞍被卸下，想要快速上马逃跑就变得很困难。这一举动让所有的骑兵都感到困惑，他们向李广问道："将军，匈奴人多势众，而且离我们很近，如果他们突然攻击，我们该怎么

第三章 锋芒毕露

办？"

李广镇定地解释说："匈奴人认为我们会逃跑。我们卸下马鞍，正是为了向他们展示我们没有逃跑的意图，这样他们就会更加确信我们在设陷阱引诱他们。"

正如李广所料，匈奴骑兵看到这种情况，果然犹豫不决，不敢轻易采取行动。

这时，一名骑白马的匈奴将领站出来，试图掩护他的部队。李广迅速反应，跳上马背，带领十几名骑兵，一箭射杀了那名将领，然后又平静地回到阵地，再次卸下马鞍。

李广接着下令道："所有人躺下，休息。"

随着夜幕降临，匈奴人越来越疑惑，始终不敢发起攻击。他们担心汉军有埋伏，打算在夜色中发动突袭。匈奴人在心里经过一番激烈的思想斗争后，最终决定撤退，远离汉军设下的"埋伏"。

李广和他的百名骑兵最终安全返回。在单独战斗中，李广展现了惊人的战斗力，以一敌三，斩杀两名敌人并活捉了一人。面对危险，他巧妙地运用了迷惑敌人的战术，成功地使敌军撤退,他的军事策略确实令人赞叹。

然而,世上之事,没有十全十美。尽管李广在军事上有着卓越的才能,但似乎总是缺少一些运气。这是后话。

在这样的情景之下,卫青深知这场战争不仅关乎个人的荣辱与生死,关乎着整个卫家的来日与定数,更承载着整个汉朝的命运与未来。他暗自发誓,定要倾尽全力,以血肉之躯筑起坚不可摧的防线,为汉朝的边疆安宁与国家繁荣贡献出全部的力量。

训练场上,卫青亲自督战,从最基本的刀枪剑戟的使用,到复杂多变的阵法演练,每一个细节都力求精益求精,不容丝毫马虎。

同时,他还对军队的装备进行了全面的升级与改良,确保每位士兵都能以最佳状态迎接即将到来的战斗,让每一把利刃都闪耀着胜利的光芒。

出征之日,卫青身披战甲,手持长剑,率领着 1 万精锐骑兵,如同一条蜿蜒的巨龙,浩浩荡荡地从上谷出发,踏上了征途。

第三章 锋芒毕露

命运似乎总爱与人开玩笑。

在等待中,战报陆续传来,结果却令人大跌眼镜:卫青大获全胜,而李广却全军覆没。四路大军的战果各不相同。

第一路大军,由公孙贺率领,从云中郡出发,但在草原上转了一圈后,没有发现敌人的踪迹,只能空手而归,就像一支出去郊游的队伍,权且当作是训练马匹和骑术的机会。

第二路大军,由公孙敖指挥,从代郡出发,与匈奴发生了遭遇战。经过一番激战,1万精锐骑兵损失了7000,只剩下3000人勉强撤退。

第三路大军,李广从雁门郡出发,因为他的名声太大,成为了匈奴特别注意的目标。匈奴单于甚至下令要活捉李广。李广在人数上的劣势下,最终全军覆没,被匈奴俘虏。匈奴人将受伤的李广绑在两匹马之间,用网兜吊着前进。但在走了10多里后,李广假装身亡,夺取了马匹和弓箭,成功逃脱。在返回的路上,他还设法收集了残余的部队。

原本最被看好的李广的部队,却带来了最让人失望的结果。

至于第四路大军,卫青从上谷郡出发,原本计划与匈奴主力进行决战。然而，匈奴主力却像消失了一样，卫青率领军队深入沙漠数百里，仍然没有找到敌人。

这便是主张和平、反对战争的人坚持不愿开战的原因。匈奴骑兵的行踪难以捉摸，没有固定的驻地。深入沙漠作战，不仅耗费人力物力，而且部队的补给也非常困难。如果不能找到匈奴主力并消灭其战斗力，那么所有的努力都将白费。

卫青面临着一个艰难的抉择：他需要决定是撤回汉朝边境，还是继续深入敌境，寻找匈奴的主要力量。随着时间的推移，汉军的士兵们会越来越疲惫，他们的补给也会逐渐用尽，而匈奴人则可能在休息和准备中等待他们。如果在这个时候遭到埋伏，那1万精兵可能会陷入极度危险之中。

经过深思熟虑，卫青做出了决定，目标直指龙城。

龙城是匈奴人唯一的固定居住地，虽然没有城墙，但那是他们的政治中心，用于祭祀天地和祖先。龙城也是匈奴单于的王庭所在地，为了安全，它位于远离汉朝的草原深处。

根据考古发现，龙城位于今天的蒙古国境内，距离蒙古国首都乌兰巴托大约470公里。从上谷郡到龙城的直线距离超过

第三章 锋芒毕露

了1800公里。很难想象卫青带领的1万精锐骑兵是如何长途跋涉，完成这次艰难行程。他们穿越了未知的草原、沙漠、河谷和山脉，那里没有壮观的沙漠孤烟，因为那是一片无边无际的荒凉之地。他们面临着食物短缺、缺水、迷路以及被匈奴伏击的风险。然而，这些汉朝的勇士，却敢于战斗，敢于冒险，将个人的生死置之度外。

当卫青的军队抵达龙城时，一场突如其来的遭遇战打破了原本的平静。匈奴军队如同幽灵般突然出现，给汉军来了个措手不及。

面对这突如其来的挑战，卫青并未表现出丝毫的畏惧与慌乱。他迅速调整心态，亲自率领士兵们冲锋陷阵，犹如猛虎下山，势不可挡。

在激烈的战斗中，卫青展现出了超乎常人的军事才能与卓越的领导力。他指挥若定，战术灵活多变，让匈奴军队措手不及，陷入了被动的局面。在他的带领下，汉朝军队士气高昂，奋勇杀敌，仿佛每个人都被注入了无尽的力量与勇气。

经过一番殊死搏斗，卫青率领的军队终于斩杀了敌人数百人，取得了初战的胜利。

四路大军如同四支利箭，射向辽阔的大地，各自带回了不同的战果。

汉武帝对公孙敖和李广的失败感到异常的愤怒与失望。他深知，战场上的胜负虽然难以预料，但如此惨重的损失却是无法接受的。

因此，他对两人进行了严厉的处罚，判其死刑。然而，考虑到两人的功绩与贡献，最终允许他们通过缴纳赎金来免除一死，降为平民。

而对于公孙贺来说，虽然没有立下功劳，但也没有犯下大错，因此得以保留官职，继续为汉朝效力。

大汉王朝的北疆边关，自古以来便是朝廷心头一块沉甸甸的巨石，如同一块永不愈合的伤疤，牵动着每一位帝王敏感而焦虑的神经。

自汉高祖刘邦以一介布衣之身，斩白蛇起义，历经千难万险，最终建立起了辉煌的大汉王朝，这片广袤无垠而又复杂多变的边疆地带，便成为了国家安危的风向标，是国家兴衰的晴

第三章 锋芒毕露

雨表。

尽管卫青带来的这场胜利并不是非常辉煌,但它彻底驱散了"白登之围"的阴影,极大地提振了全军的士气。朝廷内外再也听不到悲观的声音,和亲之议也销声匿迹。汉朝的君臣们从此坚定了胜利的信心,鼓起了决战的勇气。

同时,卫青也因为这场战争赢得了广泛的赞誉。那些曾经认为他只是因为卫子夫的关系而得到提升的人,也不得不佩服他的勇气和智慧。司马光在《资治通鉴》中评价卫青说:"青虽出于奴虏,然善骑射,材力绝人;遇士大夫以礼,与士卒有恩,众乐为用,有将帅材,故每出辄有功。天下由此服上之知人。"

大意是,卫青虽然出身低微,但擅长骑马射箭,力大无穷;他对待士大夫以礼相待,与士兵同甘共苦,因此深受部下的爱戴,具备将领的才能,所以每次出征都能取得成就。天下人都因此佩服汉武帝的知人善任。

正是汉武帝的明智决策,为国家带来了稳定与安宁。在这样的历史背景下,长安这座繁华的都城,如同王朝的心脏,跳动着和平与繁荣的旋律。

城内繁花似锦,春意盎然,百姓们安居乐业,享受着宁静与富足。

在遥远的西北边陲,贺兰关却仿佛置身于另一个世界,这里春天来得总是那么迟缓,那么吝啬,仿佛是大自然对这片土地的一种考验。

贺兰关矗立在戈壁与草原的交界线上,宛如一位历经沧桑的忠诚卫士,默默守护着大汉的边疆。

关外是无边无际的戈壁,黄沙漫天,风起时,仿佛能吞噬一切生灵,将天地之间的万物都笼罩在朦胧之中。

每年的开春时节,对于匈奴人来说,都是一次生死存亡的严峻考验。

草原上的秋草早已被牲畜啃食殆尽,而新草尚未长出,大地一片荒凉。若再遭遇倒春寒,大雪纷飞,那么牲畜的死亡将不可避免,整个部落都将面临灭顶之灾。

为了生存,匈奴人不得不选择南下,掠夺汉人的土地与牛羊,以维持部落的生计。

这是一场关乎生存的战争,对于匈奴人来说,没有退路,

第三章　锋芒毕露

只有前进。他们必须冒着生命危险，穿越茫茫的戈壁与草原，去争夺那宝贵的生存资源。而对于大汉王朝来说，这同样是一场严峻的考验。能否抵御住匈奴人的侵袭，直接关系到国家的安危与稳定，关系到西汉的兴衰与荣辱。

长安城内，汉武帝刘彻注视着远方。他年轻有为，雄心勃勃，梦想着将大汉的疆域拓展至九州之外，让四方来拜，万国称臣。

建元三年（前138），汉武帝派遣张骞出使西域，希望联合大月氏等少数民族部落，共同对抗匈奴的威胁。张骞的出使，是汉武帝刘彻实现宏图大志的重要一步。关于此事，后文还会做详细记述。

他想象着有一天，大汉的旗帜能够插遍九州大地，飘扬在每一个角落。

他想象着有一天，各国的使臣能够络绎不绝地来到长安城，向大汉王朝俯首称臣。只是现实却远比梦想骨感得多。自汉高祖刘邦在白登山之围中惨败于匈奴之后，70年来，汉朝与匈奴之间的战争从未停歇。

尽管汉朝在经过文帝和景帝的励精图治后，国力日渐强盛，但在与匈奴的交锋中，却多半处于劣势。

长城的险峻与西部的地理崎岖，成为了汉朝抵御匈奴的最后一道防线。这道防线虽然坚固，却无法完全阻挡匈奴人的侵袭。

匈奴人总是能够找到防线的薄弱之处，趁机南下掠夺。汉武帝深知，要想彻底解决匈奴问题，不能仅仅依靠长城的防御。他必须找到一种更为积极主动的策略，来彻底改变汉朝与匈奴之间的力量对比。

于是，他选择了张骞。张骞，字子文，汉中郡城固县（今陕西省城固县）人，汉代杰出的外交家。汉武帝希望对方能为他打开通往西域的大门，找到那些愿意与汉朝结盟的少数民族部落。他希望通过联合这些部落的力量，共同对抗匈奴的威胁。张骞和他的使团，将在茫茫的戈壁与草原中穿行数千公里，他们将不断面对匈奴的追捕与自然的考验。

在贺兰关，士兵们也在默默地等待着。他们知道，自己的职责是守护这片土地，直到最后一刻。他们中的许多人，已经

第三章 锋芒毕露

在这里驻守了多年,见证了无数次匈奴人的侵袭与汉朝的抵抗。

每一次战斗都是一场生死较量,每一次胜利都是来之不易的。因此,他们更加珍惜手中的武器,更加珍视身上的铠甲。只有保持警惕,才能在这片残酷的土地上生存下去。

士兵们也知道,仅仅依靠他们的力量,是无法彻底改变大局的。他们需要更多的支援,需要更多的军队加入他们的行列。

他们渴望有一天,能够看到大汉的军队如潮水般涌来,将匈奴人彻底驱逐出这片土地。他们渴望有一天,能够回到长安城,与家人团聚,享受和平与安宁的生活。

这种渴望,如同一种无形的力量,支撑着他们在寒冷的边疆坚守下去。

在长安城与贺兰关之间,是一条漫长的道路。这条道路承载着无数人的梦想与希望。汉武帝刘彻在长安城内运筹帷幄,希望能够找到一条通往胜利的道路。

而士兵们在贺兰关上坚守阵地,用血肉之躯筑起了一道坚不可摧的防线。他们虽然身处不同的地方,但心中却有一个共同的目标——那就是保卫大汉王朝,守护这片土地上的每一个生命。

因为他们知道，只有保卫好这片土地，才能让更多的人享受到和平与安宁的生活；只有守护好这个家园，才能让大汉王朝的旗帜永远飘扬在世界的东方。

"元朔元年春，卫夫人有男，立为皇后。其秋，青为车骑将军，出雁门，三万骑击匈奴，斩首虏数千人。明年，匈奴入杀辽西太守，虏略渔阳二千余人，败韩将军军。汉令将军李息击之，出代；令车骑将军青出云中以西至高阙。遂略河南地，至于陇西，捕首虏数千，畜数十万，走白羊、楼烦王。遂以河南地为朔方城。青校尉张次公有功，封为岸头侯。天之曰：'匈奴逆天理，乱人伦，暴长虐老，以盗窃为务，行诈诸蛮夷，造谋藉兵，数为边害，故兴师遣将，以征厥罪。《诗》不云乎，'薄伐猃狁，至于太原'；'出车彭彭'，'城彼朔方'。今车骑将军青度西河至高阙，获首虏二千三百级，车辎畜产毕收为卤，已封为列侯，遂西定河南地，按榆谿旧塞，绝梓领，梁北河，讨蒲泥，破符离，斩轻锐之卒，捕伏听者三千五十一级，执讯获丑，驱马牛羊百有余万，全甲兵而还，益封青三千户。"（《史记·卫

第三章 锋芒毕露

将军骠骑列传》)

元朔元年(前128),春日的阳光温柔地洒满大地,万物复苏,生机盎然。皇宫内,一片喜气洋洋。

卫子夫,在众望所归中,为汉武帝诞下了一个健壮的男婴。这不仅是皇家血脉的延续,更是大汉王朝未来的希望与寄托。

汉武帝闻讯,龙颜大悦,喜悦之情溢于言表。他深知,这个新生儿的到来,不仅意味着他有了继承人,更意味着大汉王朝有了新的篇章。于是他毫不犹豫地下旨,册封卫子夫正式成为皇后。并给这个男婴起名为刘据。六年后,刘据被册封为当朝太子。

母凭子贵,卫家的荣耀在这一刻达到了前所未有的高度,成为了朝廷内外人人称羡的显赫家族。

长安城洋溢着喜庆的氛围,但北方的匈奴却如同阴云般蠢蠢欲动,继续不断侵扰着汉朝的边境。

辽西郡的太守,在英勇抵抗中不幸战死。

渔阳郡更是遭遇了匈奴的残酷掳掠,2000多名无辜百姓被掳走。

韩安国将军的军队，在与匈奴的激战中也是败下阵来。这一连串的失败，如同沉重的打击，让汉武帝大为震怒。如果不能有效遏制匈奴的侵扰，汉朝的边疆将永无宁日，百姓将一直生活在匈奴人的阴影之下。

面对如此严峻的形势，汉武帝迅速做出决策，他命令李息将军从代郡出兵，攻打匈奴，以示朝廷的决心与力量。仅凭李息一人之力，难以彻底改变战局。

于是他又叫来了卫青，决定让他再次领兵出征，从云中出发，向西攻打匈奴，目标是高阙。

接到命令的卫青，集结了精骑，踏上了征途。在行军的路上，卫青与士兵们同甘共苦，共克时艰。他不断鼓舞士气，激励士兵们奋勇向前。他的身影，如同一面不倒的旗帜，引领着士兵们勇往直前。

卫青与其军队，沿着黄河北岸向西行进至高阙，然后顺着河流南下，与匈奴的白羊王和楼烦王的军队进行了激烈的战斗。

在激烈的战斗中，卫青展现出了卓越的军事才能和出色的领导力。他指挥若定，战术灵活多变，让匈奴军队措手不及。

第三章 锋芒毕露

在他的带领下,汉朝军队士气高昂,奋勇杀敌,如同猛虎下山般势不可挡。

战斗的号角声、刀光剑影的交织声、士兵的呐喊声……这一切构成了一幅惊心动魄的战场画卷。

在这场战斗中,卫青不仅斩杀了敌人几千人,还缴获了大量的战车、辎重和牲畜,并将战线推进到了陇西地区。更重要的是,他成功地平定了河南地区。所谓河南,指的是黄河以南的地区,即今日所称的河套平原,这里土壤富饶,水草茂盛。

公元前215年,即秦始皇统治的第32个年头,秦始皇命令蒙恬带领30万大军北伐匈奴。蒙恬一战成名,成功收复了河南地区,使得中原王朝再次夺回了对河套平原的控制。遗憾的是,在秦朝末年的混乱中,这片土地又被匈奴的冒顿单于占领,已经有80多年的沧桑。

至此,它终于回到了汉朝的控制之下。

河南地距离长安仅数百里,曾是匈奴骑兵仅需一两天急行军就能威胁到长安的战略要地,被匈奴视为进攻汉朝的前沿阵地。但是,自从卫青英勇地夺回这片土地后,它的角色发生了转变,成为了汉朝反击匈奴的坚固堡垒。汉军以这里为起点,深入敌后,发起了更加猛烈的攻击。

这一胜利,如同春日暖阳,照亮了汉朝边疆的每一个角落,也让汉武帝的心中充满了欣慰与自豪。

消息传回朝廷后,汉武帝立即下旨封卫青为长平侯,并划定3800户作为他的封地。这是对他英勇善战、忠诚为国的最好褒奖。

同时,卫青的校尉苏建和张次公也在这场战斗中立下了赫赫战功。苏建因军功被封为平陵侯,并被派往修筑朔方城;张次公则被封为岸头侯。他们的功绩同样得到了汉武帝的认可和嘉奖。

在朝廷的庆功宴上,汉武帝亲自为卫青等将领敬酒,他的声音慷慨激昂,充满了对将士们的敬意与期待:"匈奴背逆天理,悖乱人伦,侵凌长辈,虐待老人。他们专以盗窃为事,欺诈各个周边小国,策划阴谋,凭借其武力,屡次侵害汉朝边境。为了保卫我们的国家和百姓,朝廷才调动军队,派遣将领,去讨伐他们的罪恶。"

第三章 锋芒毕露

"如今,车骑将军卫青越过西河地区,直到高阙,斩杀敌军2300人,缴获他们的全部战车、辎重和牲畜。他已经被封为列侯,并且往西平定了河南地区,巡行榆溪的古代要塞,越过梓领,架设北河的桥梁。他还讨伐了蒲泥,攻破了符离,斩杀敌人的轻捷精锐的士卒,捕获敌人的侦察兵3071人。更重要的是,他捉到了敌人的间谍,割下死敌的左耳以计功劳,赶回了敌人的100多万只马、牛和羊。他保全了大军,胜利回师,这是何等的英勇和伟大!"

汉武帝的话语中充满了对卫青的赞美与敬仰,也透露出对未来战局的坚定信心。卫青的胜利不仅仅是一场战斗的胜利,更是大汉王朝对匈奴战略反攻的开始。

他相信,在卫青等将领的带领下,大汉王朝一定能够彻底击败匈奴,保卫边疆的安宁与稳定。

元朔二年(前127)冬,匈奴遭遇了一个重大的变故,他们的领袖军臣单于突然去世。对于匈奴来说,这不仅是一个寒冷的冬季,更是命运的转折点。他们不仅失去了肥沃的河南地和阴山脚下那片肥沃的草原,那里是他们牲畜的天然牧场,而且还有上百万头牛羊被汉军夺走。曾经习惯于掠夺的匈奴人，终于体会到了失地、失民、失财的苦楚。

由此，匈奴的辉煌已显露出衰败的端倪，其盛极而衰的轨迹，在历史的长河中悄然浮现。

早在军臣单于的父亲老上单于，以及他的祖父冒顿单于统治时期，匈奴已经达到了其历史上的黄金时代。他们积极地向南方、北方和西方扩张领土，驱逐、征服了沿途的各国及部落，包括月氏、乌孙、鄯善（现在的新疆罗布泊南部的楼兰）、呼揭（北魏时期称为护骨，隋唐时期则被称为回纥）等，他们纷纷向匈奴臣服，从而使匈奴统一了辽阔的北方草原，建立了一个庞大的国家。

但是，单于对各部落征收了沉重的税收，并且频繁地对中原地区发动掠夺性的军事行动，以此来增强国家的财力。由于游牧生活的不稳定，匈奴在面对自然灾害时显得特别脆弱。一场冬季的雪灾就可能迫使他们整个部落迁移，寻找避难所。牛羊的死亡也会直接切断他们奶制品的供应，即使有肉干储备，其保质期也远远比不上谷物。

第三章 锋芒毕露

正因如此，每当自然灾害来袭，匈奴就会将目光转向外部，通过掠夺来获取生存所需的物资。那些能够成功掠夺食物的首领，往往会因此获得更高的声望和权力。

在匈奴社会中，战争和掠夺不仅是生存的必要手段，也是获取财富和荣誉的途径。他们通过斩首数和俘虏数来激励战士，并给予奖赏，正如《汉书·匈奴传》所述："其攻战，斩首虏赐一卮酒，而所得卤获因以予之，得人以为奴婢。故其战，人人自为趋利。"就是说，他们战斗时，斩首或俘虏敌人就会被赐给一杯酒，而掠夺来的战利品则归个人所有，俘虏则成为他们的奴隶。

因此，他们战斗时，每个人都是为了自己的利益而战。这样的制度无疑进一步激发了匈奴人对战争和掠夺的渴望。

匈奴的建立和维持，依赖于其军事力量。对内，他们通过严格地控制和压迫来榨取民众的资源；对外，他们通过不断地扩张和征服来夺取肥沃的牧场和丰富的物资，以此来增强财富。匈奴的领袖单于，必须通过战争来获取战利品，以此来展示自己的勇猛和力量，这样才能保持各部落的忠诚，建立起一个虽然松散但类似于周代封建体系的政治结构。

事实证明，这种政治结构并不是坚不可摧的。一旦单于在战争中遭遇失败，各部落就可能产生异心，要么转而投靠更强大的势力，要么自立为王，摆脱单于的控制。

前文已经提及，在军臣单于即位之初，匈奴正处于其历史上的鼎盛时期。他们一方面与汉朝通过和亲政策来获得丰厚的礼物和物品；另一方面，他们也不时发动战争，直接从汉朝掠夺财富。汉朝因此成为了匈奴一个长期而稳定的"金库"，虽然这种收入方式并不正当，但在匈奴人的认知里，却是可靠的。

然而，当汉朝终于觉醒，摒弃了"和平"与"友好"的假象，不再遵守旧日的盟约，不再通过慷慨的市场交易和赠予来纵容匈奴。汉朝坚决地挥舞起武力的旗帜，将匈奴赶出河南地，并严重削弱了其军事力量。从那时起，匈奴单于的威望和权力，就像他的生命一样，遭受了沉重的打击，迅速崩溃。

军臣单于在公元前161年至公元前127年期间执掌匈奴的权力。在其统治时期，他目睹了汉朝从相对衰弱逐渐转变为一个强大的国家，特别是在汉文帝、汉景帝和汉武帝三位皇帝的

第三章 锋芒毕露

连续治理下,这个南方的大国开始展现出其崛起的辉煌。

军臣单于去世后,匈奴内部出现了动荡。他的弟弟——左谷蠡王伊稚斜,通过武力夺取了单于的位置,在权力斗争中战胜了军臣单于的儿子于单。于单在失败后逃往汉朝,被汉朝封为涉安侯。

不幸的是,于单在到达汉朝后不久便去世了。

匈奴的内部因此陷入了激烈的权力斗争和混乱之中。正是在这样的背景下,身陷匈奴的张骞抓住了机会,成功地从匈奴的控制下逃脱。

历史上常常出现这样的情况:每当匈奴的领导层发生更迭,新上任的单于为了显示自己的权威和力量,往往会选择对外发动战争来巩固自己的地位。

张骞的逃脱,为即将到来的动荡局势增加了更多的不确定性和变数。

元朔三年(前126)夏,匈奴派遣了1万骑兵侵袭了代郡,导致太守共友英勇牺牲,同时有超过1000名平民被俘。同年秋季,匈奴再次发动攻击,雁门关被突破,又有1000多人遭受了劫难。紧接着的一年，代郡、定襄、上郡都发出了紧急求援，匈奴的军队再次践踏这片土地，数千人遭到了杀害和掠夺。

与此同时，匈奴右贤王对失去河南地耿耿于怀，不断派遣军队进行骚扰，朔方之地首当其冲，造成官民伤亡惨重。

面对匈奴日益加剧的侵略行为，汉朝已经不是过去那个容易被欺负的国家，它已经具备了反击匈奴的实力和决心。

在元朔五年（前124），汉武帝果断决定再次发兵，对匈奴进行反击。他任命卫青为车骑将军，指挥10万精锐骑兵，大规模地越过边境，历史上著名的漠南之战就此拉开序幕。

据《史记·卫将军骠骑列传》中记载："元朔之五年春，汉令车骑将军青将三万骑，出高阙；卫尉苏建为游击将军，左内史李沮为强弩将军，太仆公孙贺为骑将军，代相李蔡为轻车将军，皆领属车骑将军，俱出朔方；大行李息、岸头侯张次公为将军，出右北平：咸击匈奴。匈奴右贤王当卫青等兵，以为汉兵不能至此，饮醉。汉兵夜至，围右贤王，右贤王惊，夜逃，独与其爱妾一人壮骑数百驰，溃围北去。汉轻骑校尉郭成等逐数百里，不及。得右贤裨王十余人，众男女万五千余人，畜数

第三章 锋芒毕露

千百万,于是引兵而还。"

在卫青的指挥下,六位将领各自发挥着重要作用。

卫青、苏建、李沮、公孙贺、李蔡等人从朔方的高阙山口出发,向北进军,直接向匈奴的右贤王发起挑战。而李息和张次公则从右北平(今河北省平泉地区)出兵,目的是牵制匈奴的主力部队,为卫青等人的主攻提供有利的作战条件。

在伊稚斜单于的统治下,匈奴面对卫青指挥的10万大军,没能够组织起有效的防御。卫青大军如同一股不可阻挡的洪流,深入敌境700里,直接抵达了匈奴右贤王的营地。

右贤王原本认为汉军距离遥远,不会那么快到达,因此毫无戒备地沉浸在饮酒作乐之中。但他没有预料到,汉军竟会如同天降神兵,突然出现,将他的营地完全包围。匈奴军队因此陷入了一片混乱,全线崩溃。在慌乱之中,右贤王只带着他的宠妾和几百名亲信匆忙逃离。

汉朝的轻骑校尉郭成等将领,乘胜追击数百里,虽然未能捕获右贤王,但这场战役的成果依然颇丰。他们捕获了匈奴右贤王手下的副王10多人,以及15000多百姓,还缴获了数以百万计的牲畜。

卫青和他的军队胜利归来，汉朝再次战胜了匈奴。然而，匈奴的右贤王并没有就此罢休。他回到草原后，迅速集结了1万骑兵，再次攻击代郡，杀害了郡守朱央，并掳走了1000多名百姓。

这一连串的事件清楚地说明，如果不对匈奴进行彻底的打击，汉朝就无法获得持久的和平。

元朔六年（前123）春，汉武帝再次发动了对匈奴的北伐，将重任交给了卫青，让他指挥六位将军率领大军，从定襄（今内蒙古呼和浩特一带）出发，深入匈奴的心脏地带，直接攻打单于的军队。

《史记·卫将军骠骑列传》中对此亦有详细记载："大将军青出定襄。合骑侯敖为中将军，太仆贺为左将军，翕侯赵信为前将军，卫尉苏建为右将军，郎中令李广为后将军，左内史李沮为强弩将军，咸属大将军，斩首数千级而还。月余，悉复出定襄击匈奴，斩首虏万余人。右将军建、前将军信并军三千余骑，独逢单于兵，与战一日余，汉兵且尽。前将军故胡人，降为翕侯，见急，匈奴诱之，遂将其余骑可八百，奔降单于。右将军苏建尽亡其军，独以身得亡去，自归大将军。"

卫青率军深入敌境，与匈奴展开了一场激烈的较量。在这场战斗中，汉军表现出色，斩杀了数千敌军，随后胜利返回，并在定襄、云中、雁门等地整顿兵力。

一个多月后，卫青领兵再次从定襄出发，对匈奴发起了激烈的攻击，这场战斗中汉军斩杀了超过1万敌军，战果辉煌。

只是在这看似胜利的曙光中，却隐藏着不为人知的危机。

苏建与前将军赵信所部，在深入敌境的过程中，不慎与匈奴单于的主力遭遇，陷入了孤军奋战的绝境。

彼时，苏建、赵信两部合兵一处，仅有3000余骑，却面对的是单于麾下数万铁骑的汹涌洪流。战斗从晨曦初露持续至夜幕低垂，整整一日有余。汉军虽勇猛无比，但无奈兵力悬殊，终至全军覆没的边缘。

赵信，这位曾经的匈奴勇士，因归降汉朝而被封为翕侯。此刻他面对故土同胞的呼唤与战场的绝境，内心的挣扎如同翻涌的江海，难以平息。

在生死存亡的关头,赵信最终选择了回归旧主,他率领残存的800余骑,向单于投降。这一变故如同晴天霹雳,给汉军士气带来了沉重的打击,也让卫青等将领深感痛心。

而苏建,在这场惨烈的战斗中,虽拼死抵抗,却无力回天。他目睹着身边的战友一个个倒下,心中充满了无尽的悲痛与无奈。最终他只得孤身一人,突破重重围困,逃回大将军卫青的身边。

苏建的归来,虽然带着满身的伤痕与疲惫,但也让卫青等将领看到了一丝希望。

面对这位身负重任却折戟沉沙的将领,卫青心中五味杂陈。他深知此刻的每一个决定都关乎军心的稳定与未来的战局。于是他召集军正闳、长史安及议郎周霸等军中要员,共同商议苏建的罪责。

这个问题如同一块巨石压在每个人的心头,让气氛变得异常沉重。

周霸首先发言,他的言辞犀利而直接:"自大将军出征以来,未尝斩副将以示威。今苏建弃军而逃,正可借此机会斩之以立

第三章 锋芒毕露

大将军之威。"周霸的话虽然有一定道理,却忽略了战场之外的复杂人情与大局考量。他的建议虽然看似果断,却可能引发军中的不满与动荡。

闳与安却持有不同的意见。他们深知战场的残酷与无情,也理解苏建在绝境中的无奈与挣扎。他们援引兵法中的道理指出:"寡不敌众,虽战必败。苏建在绝境中仍坚守忠义孤身归来实属不易。若因此将其处死无异于告诉将士们一旦战败便无归途,这无疑会动摇军心不利于后续作战。"

闳与安的话让卫青陷入了沉思。

卫青作为一位统帅,他必须兼顾军纪与人情、大局与细节。

沉默良久,卫青终于开口,他的声音沉稳而有力:"吾以帝亲在军不患无威。周霸之言欲吾立威于个人实乃大违为臣之道。且吾虽有斩将之权然以吾之尊宠,岂敢擅自杀戮于国境之外?吾当详告天子由天子,裁决以显臣不敢专权,岂不更为妥当?"卫青的话让军中官吏无不点头称是。卫青的决策既体现了对军纪的尊重,又兼顾了人情与大局,展现了他作为一代名将的深谋远虑与宽广胸怀。

随后苏建被依法拘押，等待天子的最终裁决。

而卫青则率领着疲惫却依旧坚毅的军队缓缓踏入了边塞，结束了这次充满波折与挑战的征伐。他们虽然经历了无数的艰辛与磨难，但他们的信念与勇气却如同璀璨的星辰永远闪耀在历史的天空中。

回到朝廷后，卫青将战况及苏建之事一一禀报给汉武帝。汉武帝听后沉默良久，他的心中既有对胜利的喜悦，也有对损失的痛惜，更有对苏建命运的深思。苏建是一位忠诚的将领，也是大汉王朝的功臣。然而战场无情，他必须做出公正的裁决。

在众人的劝解下，汉武帝最后还是以宽厚的姿态赦免了苏建的罪责。

人非圣贤孰能无过？

只要苏建能够吸取教训重新振作起来，他仍然是大汉王朝的栋梁之材。虽然死罪可免，但活罪难逃，为了重振军纪，汉武帝剥夺了苏建的爵位以示惩戒，同时对于赵信的投降，汉武帝虽感遗憾，却也深知战场无常，并未过分责难。战场上生死存亡之间人们的选择往往难以预料。

第三章 锋芒毕露

这场战争虽然未能彻底消灭匈奴的威胁,却再次证明了大汉王朝的坚韧与不屈。

卫青及其麾下诸将的英勇表现,更是成为了后世传颂的佳话。他们用自己的血肉之躯筑起了一道坚不可摧的长城,守护着大汉的安宁与荣耀。他们的英勇事迹如同璀璨的星辰永远闪耀在历史的天空中,激励着后人不断前行。

而苏建的遭遇也让人们深刻体会到了战争的残酷与无情。它提醒着每一个人在追求胜利的同时,也必须时刻准备着面对失败与牺牲。无论结果如何,只要心中坚守着忠义与信念,即使身处绝境,也能找到归途重拾希望,这份信念与勇气是大汉王朝能够屹立不倒的基石,也是后人不断前行的动力源泉。

赵信在投降匈奴后,由于他对汉朝的情况非常了解,因此得到了匈奴单于的重视。为了拉拢赵信,单于不仅将自己的姐姐嫁给他,还封他为自次王,地位仅次于大单于,一时间权势显赫。

赵信向单于提出了一个战略性建议,主张匈奴应该迁移到漠北地区,以此来避开汉军的直接攻击,避免正面的冲突。他建议利用漠北恶劣的自然环境作为天然屏障，同时寻找机会引诱汉军深入匈奴领地，然后集中兵力消灭他们。

赵信的这个策略被单于采纳，因此伊稚斜单于决定放弃收复河南地和河西的牧场，放弃了漠南的肥沃土地，将匈奴的王庭迁移到遥远而艰苦的漠北地区，以此来躲避汉军的追击。

但是，匈奴这一战略转移却带来了新的问题。战线过长，兵力分散，各部落之间缺乏有效的相互支持和协作，再加上领导层的疏忽，使得匈奴在汉军的攻击下屡遭挫败。最终，匈奴不得不采取守势，退守到漠北地区，以求自保。

随着战争局势的发展，汉朝和匈奴之间的争夺焦点逐渐转移到了西北地区。

与此同时，西汉王朝也进入了一段休整期，内部的矛盾开始显现。淮南王刘安和衡山王刘赐的谋反事件，让汉武帝忙于应对。他在处理内部纷争的同时，也在积极准备再次对匈奴发动攻击，积聚力量，准备再次出击。

在元朔六年（前123），汉军从定襄出发，两次征战，共斩杀近两万敌军，取得了辉煌的战绩。在这场重要战役中，一位

第三章 锋芒毕露

年仅 18 岁的年轻将领以其无畏的勇气和战斗精神脱颖而出，成为了众人瞩目的焦点。这位年轻的将领就是霍去病，他的出现如同战场上的一股新风，为战场注入了新的活力和无限可能。

"是岁也，大将军姊子霍去病年十八，幸，为天子侍中。善骑射，再从大将军，受诏与壮士，为剽姚校尉，与轻勇骑八百直弃大军数百里赴利，斩捕首虏过当。"（《史记·卫将军骠骑列传》）

汉武帝发现了霍去病的才能，任命他为侍中，不久后提升他为剽姚校尉，随卫青一同出征。卫青对这位外甥抱有很高的期望，同时也有些忧虑，特意为他挑选了 800 名精兵，让他独立领军，希望他能在实战中得到锻炼。然而，出乎所有人意料的是，这位年轻的将领在首次出征时就表现出色，令世人惊叹。

霍去病率领的 800 骑兵虽不是主力军，但他们负责侦察敌情和协同作战，这是一项至关重要的任务。正是这次机会，让霍去病展现了他卓越的军事才能和勇气。

霍去病指挥着 800 名勇猛的骑兵，犹如一把锋利的尖刀，深入匈奴腹地，穿越了数百里的艰难险阻，最终找到了匈奴相国的大营。在出其不意的攻击中，霍去病展现了他的军事才智和胆识，他带领的骑兵如同疾风骤雨般，将正在集会的匈奴高级官员全部捕获。

这场战斗中，汉军斩杀了2028名敌军，包括匈奴的相国、大当户以及伊稚斜单于的叔公籍若侯栾提产，并且还俘虏了伊稚斜单于的叔父栾提罗姑比。

此等壮举，不仅令汉军士气为之一振，更让匈奴上下震惊不已，恐慌蔓延。

霍去病的英勇事迹传入长安，汉武帝赞誉有加，特封其为冠军侯，赐食邑1600户，以示至高无上的荣耀与恩宠。

《史记·卫将军骠骑列传》中有较为详细的记载："天子曰：'剽姚校尉去病斩首虏二千二十八级，及相国、当户，斩单于大父行籍若侯产，生捕季父罗姑比，再冠军，以千六百户封去病为冠军侯。上谷太守郝贤四从大将军，捕斩首虏二千余人，以千一百户封贤为众利侯。'是岁，失两将军军，亡翕侯，军功不多，故大将军不益封。右将军建至，天子不诛，赦其罪，赎为庶人。"

这份殊荣是对霍去病实力的最佳证明，也是对其价值的极

第三章 锋芒毕露

高认可。霍去病因此一战成名,声名大振。

这场战役的胜利,对于汉朝而言,无疑是一剂强心针,让整个国家为之振奋;而对于匈奴来说,则是一次沉重的打击,让他们感受到了前所未有的震动。

在两出定襄的战役中,汉军对军队编制进行了革命性的改革,设立中、左、右、前、后诸军,由大将军卫青统一指挥,并直接掌控强弩军。

这一创新之举,极大地提升了汉军的协同作战能力,使其在战场上更加灵活多变,攻守自如。此乃汉武帝对匈奴用兵以来,军队编制最为严密、战斗力提升最为显著的一次,标志着汉军已步入一个新的发展阶段。

尽管两出定襄,汉军共歼敌 19000 骑,但未能实现全歼伊稚斜单于本部的战略目标,令汉武帝略有遗憾。但他深知战争无常,胜败乃兵家常事,因此并未责怪卫青及将领们,反而赏赐卫青千金以表慰藉。此举既体现了汉武帝的宽容与睿智,也进一步激发了将领们的斗志与勇气。

在漠南之战中,追随卫青立功的将领们,均得到了汉武帝的丰厚封赏。霍去病以冠军侯之尊，自然不必多言；卫青挚友、合骑侯公孙敖，亦因战功卓著，加封9500户，此数字在汉武朝军功受赏者中堪称翘楚，足见公孙敖的非凡功勋与汉武帝的深厚赏识。

第四章 横扫河西

汉朝军队在连续的军事行动中取得了胜利，成功地将长期被匈奴控制的河西走廊纳入汉朝的统治之下。从河西走廊的西端敦煌继续向西，就是那片遥远而神秘的西域地区。西域地域宽广，文化多样，民族众多，各有特色。

在冒顿单于统治时期，西域和河西走廊都成为了匈奴的势力范围。匈奴依仗其较强的军事力量，先后征服了乌孙、月氏等国，并迫使楼兰等国臣服，使得葱岭以东的20多个国家都归顺于匈奴。匈奴的日逐王负责管理西部的附属国和各族人民，并设立了"僮仆都尉"这一职位，以管理西部事务，从侧面说明了匈奴将西域各国视作自己的仆从。

在与匈奴的较量中，汉朝的领导者逐渐意识到西域地区的战略重要性。他们明白，如果能够开辟通往西域的路线，并与西域各国建立友好关系，就有可能形成对匈奴的夹击之势，从而在攻打匈奴的战争中取得更有利的地位，为彻底消除匈奴的威胁奠定基础。

汉武帝即位之初，从投降的匈奴人那里获得了关于"大月氏"的信息，这为汉朝进一步了解西域、开辟通往西域的道路提供了重要的线索。

月氏族群曾经定居在祁连山脚下，那里土地肥沃、水源丰富，拥有广阔的草原和湿地。他们能够在山上狩猎和采摘野果，在河流中捕鱼捞虾，生活充裕而舒适。

但在汉武帝登基之前，匈奴占领了月氏的土地，夺取了祁连山。匈奴的老上单于甚至将月氏首领的头骨做成了饮酒的器具，这一行径让月氏人对匈奴怀有深深的怨恨。然而，月氏的力量不足以与匈奴对抗。因此，月氏的残余族人被迫流亡到西域，心中始终抱持着复兴国家的愿望。

汉武帝在积极准备与匈奴进行全面战争的同时，意识到单靠汉朝的力量难以迅速取得胜利。所以，他迫切需要寻找一个战略盟友，从而形成对匈奴的包围之势，以便在战争中获得有利地位。经过深思熟虑，汉武帝决定派遣使者前往西域，寻找大月氏，并与他们结成同盟，共同对抗匈奴。

然而，一个现实的问题横在面前，大月氏迁移后的具体位置无人知晓。这意味着必须有人亲自踏上那片对中原王朝来说仍然神秘未知的土地，去寻找大月氏的下落。

更为棘手的是，前往西域的必经之路是河西走廊，当时正被匈奴牢牢控制。尽管汉朝和匈奴之间没有全面开战，但小规模的摩擦和冲突不断。此外，汉朝人和匈奴人的生活习惯差异很大，这使得使者在穿越匈奴控制区时很容易暴露身份。

因此，穿越河西走廊对于使者来说，无疑是一次充满不确定性和风险的冒险。

长途跋涉，困难重重，还有匈奴的潜在威胁，这次出使任务的艰巨性不言而喻。汉武帝认为，只有那些既聪明又勇敢的人才能承担这样的重任。

建元三年（前138），汉武帝在国内广纳贤才，招募愿意冒险前往西域的使者。在众多的候选人中，张骞因其出众的才能和坚毅的性格被汉武帝选中，成为出使西域大月氏的特使。

第四章 横扫河西

前文述及,这一年,张骞带领着一个由100多名随行人员组成的使团,以堂邑父(也称甘父,精通箭术)为向导,承担起连接汉朝与大月氏、中原与西域的重任。为了国家的利益和未来的和平,他们不顾个人安危,从长安出发,勇敢地踏上了这条未知且充满危险的征途。

没承想,他们的西域之行刚开始就遇到了巨大的挑战。使团一进入河西走廊,就被匈奴人发现。结果,整个使团被带到了匈奴的王庭。面对匈奴的威胁,他们可能面临被杀害、被扣留或被遣返回国的命运,无论如何,匈奴都不会允许他们完成这次使命。

当军臣单于得知张骞一行人的目的地是月氏国时,他故意误导他们,说:"月氏国在我们匈奴的北边,汉朝的使者怎么可能轻易到达那里呢?就像如果我派使者去越南,汉朝会允许吗?"军臣单于这样做显然是为了迷惑汉朝,让他们对月氏国的位置产生错误的认识。

由此,张骞、堂邑父以及随行的100多人全部被匈奴扣押,这一扣就是长达10年的时间。

在这期间，军臣单于试图通过赐予张骞一位匈奴女子为妻，并让他们有了孩子，以此来拉拢张骞。这是匈奴对待投降的将领或使者常用的手段，以让他们成家立业的方式，使他们逐渐适应并为匈奴效力。

然而，在这3000多个日日夜夜的煎熬中，张骞始终坚守着心中的信念，未曾放弃自己的使命。他一直在默默地等待机会，希望能够完成汉武帝交给他的任务。

终于，匈奴对张骞的看管逐渐松懈。张骞抓住机会，带着堂邑父等少数随从，毅然决然地离开了他们在匈奴的家人，逃离了匈奴的控制。他们不敢有丝毫停歇，一路向西，最终翻越了葱岭（今帕米尔高原），进入了大宛国的境地。

大宛国王一直对汉朝的繁荣富饶充满向往，并渴望与汉朝建立外交关系，只是一直没有机会。张骞的到来给了他希望。张骞向大宛国王说明了自己的来意，并承诺回国后会给予大宛丰厚的回报。大宛国王同意了，并派人护送张骞一行先到康居国（今哈萨克斯坦南部），然后从康居出发，辗转抵达了大月氏。

尽管历经重重困难，张骞终于到达了大月氏，但是，现实

第四章　横扫河西

并没有如他所愿，大汉与大月氏结盟的目标最终未能实现。

历经十几年的时间，大月氏人已经适应了新的环境，不再有回到原来土地的意愿。

当初，在他们的首领被匈奴杀害之后，族人们推举了首领的妻子成为新的领导者。在这位女王的带领下，月氏人从敦煌出发，向西迁移，寻找更适宜居住的地方。大部分月氏人跟随女王迁移到了伊犁河流域，而一小部分人选择留在原地，后来被称为小月氏。

但是，即使在新的地方，大月氏人也没有得到长久的平静，他们又遭受了乌孙人的袭扰，不得不继续向西迁移，直到到达帕米尔高原以西的妫水（即阿姆河）流域。在那里，他们征服了南部的大夏人（希腊人的后裔），这才安定下来。

月氏人的新领土位于今天的阿富汗和塔吉克斯坦交界处，那里土地肥沃，资源丰富，更重要的是，很少有敌人滋扰，族人们可以过上安稳的生活。大月氏人深知这份平静的来之不易，因此尽管他们对匈奴怀有深仇大恨，却不愿意放弃眼前的安定生活，回到遥远的故土去与匈奴寻仇。

如果我们站在月氏王者的角度，大概也会做出同样的选择，不愿意让族人再次卷入战争的旋涡。因此，月氏人对于向匈奴复仇之事已然失去了兴趣。

张骞在月氏停留了一年多，尽管他尽了最大的努力去说服月氏国王，但最终还是没有成功。结盟的目标已然无法实现，张骞只能带着遗憾踏上了归途。为了避开匈奴的领地，他选择了从现今的塔里木盆地南侧和柴达木盆地绕行返回。

诚然，谋事在人，成事在天。谁能想到这条路线也在匈奴的控制之下。因此，张骞又一次被匈奴扣留。

直到一年后，匈奴内部发生纷争，国内混乱，张骞才得以抓住机会，带着堂邑父和那位匈奴妻子，一起逃回了汉朝。

当张骞再次回到长安时，已是元朔三年（前126）。自他于建元三年（前138），离开长安，踏上前往西域的征途，跨度长达13年。

在这漫长的13年里，张骞在敌对的匈奴国被囚禁了10余年，其间遭遇了多少困难与挑战，也只有他自己知道。幸而，他始终坚韧不拔。他穿越了广袤的沙漠和荒凉的原野，忍受着饥饿和困苦,幸亏有擅长射箭的堂邑父的帮助,通过狩猎来维持生存,最终到达了大月氏。虽然他未能实现与月氏结盟的初衷,但他的西域之行具有重大的历史意义。

张骞从西域带回了关于当地各国政治、经济和军事等方面的宝贵信息。这些信息极大地拓宽了中原王朝的视野,对中国乃至世界历史的发展产生了深远的影响。

从此,中原王朝与西域的联系正式建立。司马迁曾用"凿空"二字精练地概括了张骞的西域之行,意味着他为中原开辟了一条通往西域的新道路。

据《史记·大宛列传》中的详细记载:"(张骞)曰:'大宛在匈奴西南,在汉正西,去汉可万里。其俗土著,耕田,田稻麦。有蒲陶酒。多善马,马汗血,其先天马子也。有城郭屋室。其属邑大小七十余城,众可数十万。其兵弓矛骑射。其北则康居,西则大月氏,西南则大夏,东北则乌孙,东则扜冞、于寘。于寘之西,则水皆西流,注西海;其东水东流,注盐泽,盐泽潜行地下。其南则河源出焉,多玉石,河注中国。而楼兰、姑师邑有城郭,临盐泽。盐泽去长安可五千里。匈奴右方居盐泽以东，至陇西长城，南接羌，鬲汉道焉。……大月氏在大宛西可二三千里，居妫水北。其南则大夏，西则安息，北则康居。行国也，随畜移徙，与匈奴同俗。控弦者可一二十万。故时强，轻匈奴，及冒顿立，攻破月氏，至匈奴老上单于，杀月氏王，以其头为饮器。始月氏居敦煌、祁连间，及为匈奴所败，乃远去，过宛，西击大夏而臣之，遂都妫水北，为王庭。其余小众不能去者，保南山羌，号小月氏。……大夏在大宛西南二千余里妫水南。其俗土著，有城屋，与大宛同俗。无大（王）[君]长，往往城邑置小长。其兵弱，畏战。善贾市。及大月氏西徙，攻败之，皆臣畜大夏。大夏民多，可百余万。其都曰蓝市城。有市贩贾诸物。其东南有身毒国。'"

张骞向汉武帝详细汇报了他出使西域的点点滴滴，包括他在大宛、康居、大月氏等国的所见所闻，以及通过各种途径了解到的乌孙、奄蔡、安息、条支、身毒等国的情况。这些西域国家的地理位置、风俗习惯、自然景观、气候特点和特产资源等信息，首次被中原朝廷所了解，极大地丰富了中原对外部世界的认识。

第四章 横扫河西

西域辽阔的土地及其丰富的资源，更加坚定了汉武帝决心打通河西走廊、扩张汉朝疆域的决心。在张骞的西域之行中，他还意外地发现了从蜀地（今四川地区）到西域的另一条通道，这一发现为汉武帝开发西南夷地区（今云南、贵州、四川一带的少数民族聚居地）提供了新的动力。

汉武帝深知张骞的卓越贡献，为了表彰他的忠诚与勇敢，以及他对国家所做出的巨大贡献，特赐予他博望侯的封号，寓意着他如同翱翔天际的雄鹰，拥有广阔的视野与远大的志向，引领着大汉的航船，向更加辽阔的海域勇敢进发。

张骞的功劳，绝非仅仅出使西域那么简单。他的存在，为大汉王朝带来了一幅完整的舆图，犹如现代的 GPS 定位系统，为作战提供了精准的方位指引。

据《史记·卫将军骠骑列传》中记载："张骞从大将军，以尝使大夏，留匈奴中久，导军，知善水草处，军得以无饥渴。"

元朔六年（前123）的战役中，张骞也参与其中，他跟随大将军卫青出征，凭借其渊博的地理学识和对西域的深刻理解，成为了大军中不可或缺的指路明灯。在广袤无垠的草原与沙漠之中，张骞总能精准地寻觅到水源与草场，确保大军免受干渴与饥饿之苦，为最终的胜利奠定了坚实的基础。很多参与此战役的人也因此表现出超乎以往的神勇。"上谷太守郝贤，四从大将军，斩首虏千三百级，荣封众利侯；骑士孟已，亦因战功被赐爵关内侯，邑二百户。"（《史记·卫将军骠骑列传》）这些将领，以实际行动证明了自己的价值与能力，其事迹将永载史册，流芳百世。

值得一提的是，后来在漠北之战中担任右将军的赵食其，在漠南之战中表现出色。他随大将军出征，斩首660级，被赐爵关内侯，黄金百斤。这份荣誉，不仅是对他个人英勇的肯定，更是对他忠诚报国、勇于担当精神的赞誉。

战后，汉武帝刘彻为表彰卫青及其麾下汉军的卓越战功，不惜倾尽国力，拿出20多万斤黄金进行犒赏。

这笔巨额赏金，足以说明汉武帝对卫青及汉军将士的深切关怀与高度赞誉。

据《史记·平准书》所载，为筹备这笔赏金，汉武帝甚至下令设立武功爵进行售卖。此举虽引发争议，但不可否认的是，它确实为汉军将士提供了更为丰厚的物质奖励与精神激励，激励着他们继续为国家的安宁与荣耀而奋战不息。

而霍去病作为这场战役中最耀眼的核心人物,其英勇事迹与传奇人生,将成为历史长河中永不褪色的篇章。

那一年的烽火连天,对于大汉王朝而言,既是荣耀加冕的胜利篇章,也是刻骨铭心的历史教训。它像一面棱镜,既折射出年轻将领的锋芒毕露与老将风骨的坚如磐石,也映射出战争那冷酷而真实的面貌。

霍去病,他的英勇无畏,犹如烈焰般燃烧在战场,成为敌人难以逾越的屏障;郝贤,凭借其沉稳果敢,如同磐石立于中流,稳住汉军的阵脚;卫青,则以他的沉稳老练,像一棵参天大树,为汉军遮风挡雨,指引方向;苏建,则以坚韧不拔的意志,像草原上的野草,任凭风吹雨打,依旧顽强生长。

宫廷的深处,另一场没有硝烟的战争正悄然进行。王夫人以其倾国倾城之貌与温婉如水的性情,独得汉武帝的宠爱,她的存在,如同春日里的一抹暖阳,温暖了帝王的心房,也让这权力的游戏更加扑朔迷离。

宁乘是一位机智过人的谋士,以其敏锐的洞察力,捕捉到了宫廷政治的微妙变化。他向卫青进言，言辞恳切，字字珠玑，分析利弊，指出卫青虽战功显赫，但相较于其他老将，军功尚显不足，之所以能享此尊荣，全赖卫皇后之庇护。

而今王夫人正得圣宠，其家族却未显贵，此乃千载难逢之机，建议卫青借此机会，以皇上赏赐的千金为王夫人双亲贺寿，以此彰显卫青的宽仁与大度，同时为未来铺设更宽广的道路。

卫青听后，心中波澜起伏。这哪里是一场简单的贺寿之礼，更是宫廷政治平衡的艺术，是对未来格局的巧妙布局。

经过深思熟虑，卫青决定以五百金之礼，表达他对王夫人双亲的诚挚祝福。

这一举动，巧妙地平衡了后宫与前朝的关系，赢得了朝野上下的广泛赞誉与尊敬。

汉武帝得知此事后，对卫青的深谋远虑与豁达胸怀赞不绝口。

在一次朝会上，他特意询问卫青此举的用意，卫青则坦诚以告，毫无隐瞒。

汉武帝听后龙颜大悦，当即宣布提拔宁乘为东海都尉，以示对这位善于谋略之士的嘉奖。

这一决定不仅是对宁乘个人才能的高度认可，更是对卫青大局观的充分肯定，以及对后宫与前朝和谐共融的美好期许。

与此同时，霍去病的崛起让汉武帝看到了新的希望。

尽管霍去病在首次作战时，以800骑兵便以少胜多，斩杀了超过2000名的匈奴战士，这样的战绩在汉武帝的宏伟蓝图中或许只是微不足道的一笔，但足以让他看到了一颗璀璨将星的冉冉升起，预示着汉家军即将迎来新的辉煌。

对于匈奴而言，虽然这场战斗的损失并不小，但并未伤及根本，他们仍有能力卷土重来。然而，从战术层面来看，霍去病的首次亮相无疑为汉武帝的军事布局增添了更多的灵活性与可能性。

卫青与霍去病，一正一奇，相得益彰。卫青稳重如山，战术严谨；霍去病则如同闪电般迅猛，出其不意，攻其不备。更令人敬畏的是，卫青既能正面硬碰硬，又能运用奇兵突袭，战术多变，令人难以捉摸。

这样的组合给匈奴人带来了前所未有的威慑力，让他们意识到汉军已经具备了在他们腹地自由驰骋、肆意杀戮且全身而退的能力。这不仅仅是对他们的公然挑衅，更是一场深刻的心理战，让匈奴人在恐惧与不安中生活。

霍去病立下壮志，决心在有生之年彻底解决匈奴这一边患，让大汉的疆土永远安宁。为了实现这一宏伟目标，汉武帝决定首先攻占河西走廊，打通与西域各国的联系通道。这条走廊对匈奴而言如同右臂，一旦失去，他们将无法再与西域及西羌各部保持紧密联系。同时，他计划通过外交手段分化瓦解西域各国，利用他们之间的矛盾与纷争，实现分而治之的策略。这一设想在张骞历经千辛万苦回归大汉后得以实现。

据《史记·卫将军骠骑列传》中记载："冠军侯去病既侯三岁，元狩二年春，以冠军侯去病为骠骑将军，将万骑出陇西，有功。天子曰：'骠骑将军率戎士逾乌盭，讨遬濮，涉狐奴，历五王国，辎重人众慑慴者弗取，冀获单于子。转战六日，过焉支山千有余里，合短兵，杀折兰王，斩卢胡王，诛全甲，执浑邪王子及相国、都尉，首虏八千余级，收休屠祭天金人。益封去病二千户。'"

在霍去病被封为冠军侯的第三年，即元狩二年（前121）的

第四章 横扫河西

春天,汉武帝毅然决定任命霍去病为骠骑将军,旨在培养新一代的军事指挥官,同时为国家的军事力量注入新的活力,确保军事人才的连续性,避免出现人才断层。

霍去病率领着1万精锐骑兵,从陇西出发,目标直指匈奴的浑邪王和休屠王,发起了新一轮的攻势。

这场战役不仅是对霍去病军事才能的严峻考验,更是汉武帝实现其宏伟蓝图的关键一步。

于是,第一次河西之战的序幕缓缓拉开。那么,汉武帝为何选择在此时发起这场对河西地区的征伐呢?

这背后蕴含着深远的战略考量。汉武帝深知,河西走廊不仅是连接中原与西域的咽喉要道,更是匈奴势力向西扩张的重要据点。若能将此地纳入汉朝版图,不仅能有效切断匈奴与西域各国的联系,削弱其势力范围,还能为汉朝进一步开拓西域、加强与各国的交流与合作铺平道路。

至于为何仅派遣霍去病率领1万骑兵出击匈奴,这并非轻率的决定。实际上,汉武帝对霍去病的军事才能和勇猛果敢有着极高的评价。他坚信,以霍去病的智勇双全,足以率领这支精兵强将，在河西战场上大放异彩。同时，1万骑兵的数量虽不多，但足以形成一支机动灵活、反应迅速的部队，能够在战场上迅速占据优势，给予敌人沉重的打击。

当然，汉武帝并非盲目冒险之人。他深知战争的残酷与不确定性，因此在派遣霍去病出征前，汉朝上下做了大量的准备工作。这些工作包括但不限于：对河西地区的详细侦察与地形分析，对匈奴军队的战术研究和兵力部署的了解，以及为霍去病部队提供的充足物资保障和后勤支援等。

此外，汉武帝还通过与其他将领的协同作战、设置伏兵等方式，为霍去病提供了多层次的保障和支持。这些措施大大降低了霍去病被包围或全军覆没的风险，确保了他能够安全地完成作战任务并取得丰硕的成果。

站在后人的角度来看，我们知道霍去病不仅成功返回，还取得了辉煌的战绩。但在当时的历史背景下，汉朝的君臣们并没有历史书作为参考，他们只能依靠自己的智慧和判断来做出决策。

战争并非仅凭运气就能取胜的游戏。汉武帝之所以敢于派遣霍去病出征，并非因为他能够预知未来，而是因为他基于对

第四章 横扫河西

霍去病的深入了解和信任,以及汉朝上下所做的充分准备和周密部署。这些因素共同构成了霍去病成功的基础和保障。

因此,我们可以说,第一次河西之战的胜利并非偶然,而是汉武帝深思熟虑、精心策划的结果。

这场战役不仅展现了霍去病的军事才能和勇猛精神,也为汉朝进一步开拓西域、巩固边疆安全奠定了坚实的基石。

元朔三年(前126),张骞与堂邑父历经无数艰难险阻,终于踏上了归途,为汉朝带回了珍贵无比的匈奴情报,其中极有可能还包含了详尽无遗的舆图资料。在那广袤无垠、风沙漫天的荒漠中行军,地图无疑是如同指南针般不可或缺的导航工具,由此推断,张骞亲手绘制舆图的可能性很大,这份舆图无疑成为了汉军后来征途中的指路明灯。

元朔五年(前124),卫青精心策划并实施了高阙奇袭战,这场战役不仅充分展现了汉军的勇猛无畏,更验证了张骞带回情报的准确无误。

同年,霍去病在定襄北之战中崭露头角,他孤军深入匈奴腹地数百里,却如同游龙般自如穿梭,最终全身而退。这一系列辉煌的胜利，与张骞的回归息息相关，他仿佛为汉朝拉开了由被动防御转向主动进攻的壮丽序幕。

回首历史长河，我们不难发现，张骞的归来为汉朝带来了对匈奴地理位置的深刻洞察，使得迷路不再是困扰汉军的主要问题。同时，对匈奴的打击也变得更加精准有力，这绝非偶然或运气的结果。网络上那些流传的霍去病是天选之子、自带GPS的说法，显然是对历史事实的片面和肤浅解读，它忽略了无数幕后英雄的默默付出。

成功从来不是靠运气堆砌而成的，它背后凝聚着无数人的智慧与汗水。张骞等人的艰辛探索，祖辈们的忍辱负重、韬光养晦，共同为汉朝的强盛奠定了坚不可摧的基础。正是这些无名英雄的无私奉献和英勇牺牲，才换来了今日的太平盛世。

至于为何自张骞归来后，汉朝对匈奴的大部分战争都选择在春天进行，这背后蕴含着深邃的战略考量与智慧。

春天，万物复苏，草原上的牧草开始蓬勃生长，为战马提供了充足的饲料和能量；同时，匈奴人也开始频繁活动，为汉军提供了更多的作战机会和靶点。

此外，春天气候宜人，有利于军队的行军与作战，使得汉军能够充分发挥其优势。

从农耕文明的角度出发，春天对于汉朝而言是播种希望、孕育生机的美好季节。

相较于金秋时节那繁忙的收获景象，春天为汉朝提供了更为充裕的时间和精力来投身于军事行动之中。这一时期，农田里的劳作相对轻松，使得汉朝能够集中更多的人力物力来应对可能的战争挑战和威胁。

而对于匈奴来说，春天却是他们最为脆弱和艰难的时刻。

作为游牧民族，匈奴人依赖于牲畜的生存和繁衍，而寒冷的冬季无疑是对他们生计的严峻考验。尽管在进入严冬之前，匈奴人会精心选择山谷或山坡作为冬场以抵御严寒的侵袭，但自然灾害的无情打击往往让他们的牲畜损失惨重。

冬天过后，牲畜因御寒而消耗了大量脂肪，变得瘦弱不堪；而春天的牧草初长，尚不丰茂，匈奴人不得不小心翼翼地迁移，去寻找水草丰美之地以恢复牲畜的体力。这种迁移不仅消耗了他们大量的精力和体力，也为汉军提供了绝佳的作战时机——

只要准确捕捉到匈奴人的行踪和动向，便可乘其虚弱之时给予致命一击。

此外，冬季还是匈奴人和草原上牲畜繁衍后代的关键时期。许多匈奴家庭会选择在这个季节迎接新生命的到来。因此，当春天来临之际，匈奴女子和牲畜多已怀孕在身，期待着新生命的诞生。此时若汉军发起攻击，匈奴人因战乱而不得不仓皇逃窜，怀孕的妇女和牲畜在逃亡过程中极易发生流产等不幸情况，这无疑是对匈奴人口和牲畜数量的双重打击和摧残。

据《汉书》记载，汉武帝在位期间，汉军深入匈奴腹地穷追猛打20余年之久，使得匈奴人因战乱而导致孕妇流产、牲畜受损的情况屡见不鲜，生活陷入了极度困苦和艰难的境地。以至于连单于在内的匈奴高层都时常萌生和亲求和的念头以寻求解脱和安宁。这一历史事实充分证明了春天作为对匈奴发起进攻的最佳时机，其战略意义之深远和重大。

然而，对于匈奴而言，秋天与初冬无疑是他们作战的黄金季节。此时，他们一年的游牧生活已近尾声，牲畜与战马在丰饶的草地上被滋养得膘肥体壮、精神抖擞，正如俗语所言，"秋高马肥"，正是形容这一美好景象。加之秋季雨水稀少、气候干燥，匈奴常用的作战武器——弓弩的性能也达到了最佳状态。可以说，秋季的匈奴正处于兵强马壮、士气高昂的鼎盛时期。

而此时的汉朝却正值农忙季节，庄稼亟待收割和归仓，大量的人力被投入到这一繁重而艰巨的劳动之中。因此，汉朝在此时难以抽调足够的兵力进行作战或防御匈奴的侵扰和威胁。匈奴深知这一点，便常常利用秋季这一有利时机大举侵犯汉朝边境，抢夺百姓辛勤耕种的粮食和物资以备过冬，致使边境的军民苦不堪言。

在这样的背景和形势下，春季发动攻势便成为了汉朝的最佳选择和明智之举。

虽然张骞在其中所起的具体作用我们已无法详尽知晓，但他在匈奴生活的十几年间无疑对匈奴的生活习惯、作战规律有了深入而全面的了解。这种了解为汉朝制定更加精准、有效的战略战术提供了宝贵的依据和参考。

然而，即便汉朝做好了周全而细致的准备，霍去病此次前往河西作战仍充满了未知与危险。尽管休屠王和浑邪王的实力有限、不足为惧,但霍去病所率领的兵力同样有限且需孤军深入敌后;补给线漫长而脆弱,稍有不慎便可能陷入绝境。天时、地利、人和三者缺一不可,而霍去病此行无疑是在挑战极限、寻求突破。

霍去病此行不仅是对他个人勇气与智慧的严峻考验,更是对汉朝整体战略与战术的一次重大检验。

霍去病深谙在与匈奴的这场生死较量中,唯有速战速决,方能稳操胜券。

他绝不能给予敌人丝毫喘息之机,以免其重整旗鼓,组织起有效的抵抗。因此,他毅然决然地采取了"辎重人众慑慴者弗取"的高明策略。

对于那些已然投降或流露出畏惧顺从之态的匈奴部落,他并未如寻常般掠夺其财物、掳掠其民众,更未滥杀无辜,以泄私愤。

此举并非他心慈手软、对那些丰饶的资源无动于衷。实则,他深知在这紧要关头,任何额外的负担都可能成为行军路上的累赘,拖慢汉军如疾风般的行进速度,削弱那锐不可当的战斗力,从而给狡猾的敌人留下可乘之机。他要的,是轻盈如燕的军队,是势如破竹的攻势,是对敌人心脏的雷霆一击。

于是,他率领着那支精锐无比的汉军,翻越了险峻的乌鳖山,向遬濮部落发起了猛烈的攻击。他们渡河而过,狐奴河的波涛见证了他们的英勇与决心。一路之上,他们如入无人之境,穿越了五个匈奴王国的重重阻挠。在这漫长的征途中,霍去病始终坚守着那不掠取畏惧顺从者的原则,他的目光始终锁定在更为远大的目标上——寻找并捕获单于的儿子,以此给匈奴王庭最为沉重的打击。

六日的转战,他们跨越了焉支山的巍峨,行程千余里,终于与敌人迎来了那场惊心动魄的短兵相接。在这场战斗中,霍去病展现出了超凡脱俗的勇气与智慧。他亲手斩杀了折兰王,砍下了卢胡王的头颅,让那些全副武装的敌兵闻风丧胆。他还成功抓获了浑邪王的儿子以及匈奴的相国、都尉等显赫人物,歼敌之数高达8000余人(据《史记》所载为"首虏八千余级",《汉书》则更为详尽地记载为"捷首虏八千九百六十级")。此外,那尊休屠王用以祭天的珍贵金人,也沦为了他的战利品。

只是这场胜利的背后也付出了沉重的代价。汉军遭受了重创，"师率减什七"，最终仅有3000余人得以凯旋。但即便如此，霍去病的战绩依旧辉煌夺目，他因此被汉武帝益封2200户，荣耀加身。

尽管匈奴的浑邪和休屠两部遭受了重大打击，但他们的势力还没有完全崩溃。同时，在祁连山南边的小月氏地区，还有许多匈奴的小王控制着河西走廊的西端。那年夏天，汉军再次集结，决心彻底消灭匈奴右翼的王族。

这次行动中，汉军兵分两路：一路主攻；一路策应。主攻的任务再次交给了霍去病，他和合骑侯公孙敖各自带领1万骑兵，从北地郡（今甘肃省庆阳市西北方向）出发，沿着河西走廊北部沙漠的南北两边行进，计划在居延泽（今内蒙古额济纳旗嘎顺诺尔湖）会合后，向南进军，直接攻击浑邪王和休屠王的后方，对匈奴右翼诸王实施包围与歼灭。

而另一路策应部队，则由李广与张骞率领，从右北平出发，攻打东部的匈奴左贤王部，目的是牵制和分散匈奴的军力。

在西部的主战场上，霍去病和公孙敖分别带领大军穿越了

第四章 横扫河西

沙漠,行进了超过两千里的路程。

霍去病和他的部下们凭借着坚定的意志,克服了重重困难,最终按时抵达了居延泽。可惜,公孙敖的部队在茫茫沙漠中迷失了方向,未能按时到达会师的地点。

面对这一突发状况,霍去病必须迅速做出决定:是放弃原计划以避免孤军深入的危险,还是继续前进,去创造一段历史性的壮举。

霍去病毫不犹豫地选择了继续前进。他勇敢地带领着军队沿着弱水南下,直接冲向祁连山南麓的小月氏,对那里的数十个匈奴部落发起了猛烈的攻势。

匈奴人完全没有预料到霍去病会如此大胆,他绕过了休屠王和浑邪王的防线,就像一股突如其来的风暴,席卷了他们的领地。匈奴人被打了个措手不及,顿时陷入了一片混乱。

作战中,汉军展现出了惊人的战斗力,斩杀了30200名敌人,俘虏了匈奴的单桓王、酋涂王以及他们的相国、都尉和部众共2500人,还捕获了5名小王以及王母、王妻、王子共59人,相国、将军、当户、都尉共63人。霍去病凭借无畏的精神和出色的指挥才能，在历史的长卷上留下了深刻的印记。他勇敢果断，智勇双全，"冠军侯"这个称号对他来说，当之无愧。

《史记·卫将军骠骑列传》中对此有所记载："天子曰：'骠骑将军逾居延，遂过小月氏，攻祁连山，得酋涂王，以众降者二千五百人，斩首虏三万二百级，获五王，五王母，单于阏氏、王子五十九人，相国、将军、当户、都尉六十三人，师大率减什三，益封去病五千户。'"

大军胜利归来后，汉武帝对霍去病的战功给予了极高的赞誉，并额外封赏给他5000户的食邑。同时，随霍去病到达小月氏的校尉们也立下了战功，被赐予左庶长的爵位。其中，鹰击司马赵破奴更是表现出色，他两次跟随霍去病出征，不仅斩杀了遬濮王，还俘获了稽沮王。其麾下的千骑将也功不可没，成功捕获了1位匈奴小王和1位小王之母以及41位王子以下的贵族，俘虏敌兵共计3330人。赵破奴因此被划定1500户，封为从骠侯。

此外，校尉句王高不识也在这场战斗中崭露头角，他跟随霍去病俘虏了呼于屠王及其以下11位贵族，俘虏敌兵1768人。

第四章 横扫河西

天子因此划定1100户，封高不识为宜冠侯。而校尉仆多也因军功被封为辉渠侯，其英勇事迹同样被传颂一时。

而合骑侯公孙敖因行军滞留未能与霍去病会师而被判处死刑。尽管他也交纳了赎金得以保命，但同样被贬为庶民，其军旅生涯也画上了遗憾的句号。与霍去病的辉煌战绩相比，公孙敖的命运显得尤为凄凉。

再转向东线战场，李广的遭遇更让人唏嘘不已。

他原本的任务是牵制匈奴左贤王，防止其支援右部的匈奴王族。他只需要在左贤王周围进行牵制，分散其兵力即可。没承想，命运却给他开了一个残酷的玩笑。李广率领4000精骑作为先锋，从右北平急速出发，但不久后，就遭遇了匈奴左贤王率领的4万大军的严密包围。

面对4万匈奴军队的重重包围，4000汉军虽然经验丰富，但内心也很恐慌。敌我力量对比悬殊，如果张骞的1万主力能够及时到达，或许还有转机。

在这危急关头，李广的表现极为冷静和果断，他迅速制定出应对策略。李广指派自己的儿子李敢带领一小队精锐骑兵，组成一支突击队，英勇地冲入敌军深处。李敢不负使命，如猛虎下山，势不可挡。他带领的突击队在匈奴军中穿梭战斗，所向披靡，最终安全返回，且无一人伤亡。

李敢返回后，大声鼓舞士气："敌军虽多，实则脆弱！"这句话极大地提振了汉军的斗志。士兵们意识到，尽管敌人数量众多，但并非不可战胜。汉军的勇士们个个勇敢无畏，坚信自己能够以寡敌众。

随后，李广迅速调整作战策略，令全军组成坚固的环形阵型，准备迎战即将到来的激烈战斗。虽然士气高涨，但面对如此悬殊的兵力对比，汉军能否在这场战斗中取得胜利，仍然是一个未知数。

在骑兵作战中，武器装备的消耗尤为关键，与步兵的刀剑可以反复使用不同，骑兵依赖的弓箭和弩机发射的箭矢一旦射出，就无法回收，变成了一次性的消耗品。经过汉匈两军几轮的激战，箭矢如同密集的流星雨划破天空。

于汉军而言，随着战斗的持续，箭矢的供应开始紧张，形势变得越来越严峻。李广根据战场形势，果断命令全军保持箭在弦上，不得随意放箭。他要求士兵们等待敌人接近后再射击，确保每一箭都能精确命中目标。紧接着，李广亲自上阵，他拿出自己的大黄弩，瞄准目标，一箭射出，一名匈奴将领应声倒地。

这一箭的威力让匈奴人感到震惊，他们的攻势也随之减缓。

随着夜幕的降临，战场陷入了一片寂静和僵持状态。然而，张骞的援军迟迟未能到达，汉军中开始蔓延着恐惧和绝望的情绪。在这个关键时刻，李广站出来，他走到士兵们中间，用坚定的话语激励他们，重新点燃了他们的战斗意志。李广的镇定和果敢影响了每一位士兵，让他们将生死置之度外，誓要与敌人决一死战。

当晨曦初现，匈奴的军队发起了更加激烈的攻势，汉匈两军陷入了残酷的近身肉搏。战场上剑光闪烁，血肉模糊，场面十分惨烈。汉军的人数急剧减少，最后只剩下不到1000人。

李广和李敢以及剩余的士兵，已经做好了战死沙场的准备。就在这生死存亡之际，张骞终于带领着援军找到了李广的部队，并及时赶到了战场。

经过一天一夜的激战，匈奴军队已经筋疲力尽。看到汉军的援军到来，左贤王审时度势，当即下令撤退。李广父子和剩余的士兵得以摆脱了危险，保住了性命。

战后，张骞因为行军迟缓，导致前锋部队遭受重大损失，被判了死刑。但是，按照惯例，他缴纳了罚金以赎罪，被降为平民。

李广在作战中表现英勇，被敌军重重包围，以4000人对抗4万敌军，最终杀死了4000多名敌军，并带回了剩余士兵。汉武帝在权衡之后，既没有惩罚他，也没有给予他奖赏。尽管他的刚毅值得称赞，但实际上他的遭遇却充满了苦涩和无奈。

至此，汉朝发动的两次河西之战取得了辉煌的战果。汉军如同风暴一般横扫河西走廊，以压倒性的力量重创了匈奴。

这两场战役不仅给匈奴带来了沉重的打击，而且在战略上削弱了匈奴对西域的控制，使得匈奴在西域的霸权地位受到了严峻挑战。这为汉朝进一步巩固西北边防、拓展疆域打下了坚实的基础。

面对如此惨痛的失败，伊稚斜单于愤怒至极，心中满是憎恨与不甘。

第四章 横扫河西

伊稚斜单于计划对浑邪王和休屠王进行问责,以此作为对他们的惩罚。这两个部落在战争中连续失败,行为令人怀疑,单于怀疑他们没有尽最大努力奋战,因此打算将他们召到王庭,找机会将他们除掉。

浑邪王和休屠王得知这个消息后,心中恐慌。他们私下讨论,认为与其在这里坐以待毙,不如主动向汉武帝投降,以寻求保护,或许还有生存的可能。

元狩二年(前121)秋,浑邪王秘密派遣使者穿越边境,向汉朝表达了投降的意愿。与此同时,大行令李息正奉命在黄河边筑城以抵御外敌。他听到这个消息后,立即动用朝廷的快马驿传,确保使者安全地被护送到长安。

汉武帝听到这一消息后,非常高兴。能够不通过战争就打通河西走廊,对于加速汉朝对西域的控制和经营来说,无疑是一个难得的机会。汉武帝立即决定接受匈奴两位王的投降,并派霍去病带领军队前往边境迎接。

霍去病承担起两项重要任务:如果浑邪王和休屠王诚心投降,汉军将给予他们最高的敬意;如果这只是一个诡计,他必须迅速击溃他们，以确保边疆的安全。

浑邪王和休屠王确实有意投降，但在关键时刻，休屠王却心生怯意，改变了主意。幸而浑邪王坚守了与汉朝的协议，他果断地杀死了休屠王，并接管了他的部队。之后，他带领两个部落大约5万人，踏上了投奔汉朝的行程。

汉朝方面，霍去病早已率领精锐部队严阵以待。

出乎意料的是，就在这时，情况再一次发生了变化。休屠王的许多副将和部下对投降持怀疑态度，不愿意投降。由于休屠王的突然死亡，他们失去了首领，被迫来到这里。当他们看到对岸飘扬的汉军旗帜，特别是霍去病的帅旗时，战败的恐惧再次笼罩了他们，许多人开始逃跑，队伍立刻陷入了混乱。尽管浑邪王尽力控制局面，但场面还是瞬间失控。

霍去病看到这种情况，当即骑马冲入匈奴的阵地。他与浑邪王简短交谈后，迅速展开部署，分头追捕那些逃跑的人。只用了半天时间，他就将所有逃跑的人捕获并处决，斩杀了8000多人。

最终，浑邪王带领着4万多部众，对外宣称有10万大军，浩浩荡荡地前往长安。汉武帝为了表示对他们的重视，特意派出两万多辆马车去迎接他们。

当这些投降的匈奴人抵达长安后,汉武帝为了表彰他们,慷慨地赏赐了数十万钱财。同时,他还特别划定了1万户的封地给浑邪王,并封其为漯阴侯,以示尊宠。对于浑邪王手下的其他小王和将领们,汉武帝也毫不吝啬地给予了丰厚的封赏和崇高的荣誉。呼毒尼被封为下摩侯,鹰庇被封为辉渠侯,禽梨被封为河綦侯,大当户铜离则被封为常乐侯。这些封赏不仅体现了汉武帝对投降者的宽容与接纳,更彰显了汉朝的强盛与繁荣,使四方归心。

在庆祝这场胜利的同时,汉武帝也深情地称赞了骠骑将军霍去病的赫赫战功。他动情地说道:"骠骑将军霍去病,英勇无畏,率领军队攻打匈奴西域浑邪王。浑邪王及其部队与民众,皆纷纷投奔汉朝,用军粮接济汉军。霍去病将军更是一并率领他们的善射兵卒1万余人,诛杀了那些妄图逃亡的凶悍之徒,斩杀8000余人,使敌国之王32人投降汉朝。此役汉军士卒毫发无损,10万大军全部凯旋。他们承受着战争的劳苦,为河塞地区消除了边患,使边疆得以永保安宁。霍去病将军之功,实乃社稷之福，万民之幸！"

汉朝彰显出包容的姿态，对于归顺的浑邪王及其4万多部众，汉朝将他们妥善地安排在陇西、北地、上郡、朔方、五原这五个郡内。这些归降的民众被允许保持他们自己的传统习俗，并且设立了属国来进行管理。由此，这五个郡被称作"五属国"，汉朝廷还特别设立了都尉这一官职，专门负责管理"五属国"的各项事务，确保这些地区的稳定与发展。

随着休屠王的离世和浑邪王的投降，汉朝完全控制了河西走廊。从金城到河西，再到祁连山，直至遥远的盐泽（罗布泊），匈奴的身影已经消失。匈奴与西羌（青海地区）之间的联系也因此被切断。

边境地区终于迎来了久违的和平，百姓们也得以安稳地生活。为了让西域的民众能够安心地恢复生产，汉武帝特别下令减轻陇西、北地、上郡三地的戍边士兵的负担，减少征召人数，以减轻全国的劳役。同时，汉朝廷在河西地区广泛设立郡县，鼓励民众迁移到边疆地区，开展屯田和垦荒。

然而，尽管汉朝在之前的战争中取得了对匈奴的重大胜利，

第四章 横扫河西

匈奴的威胁并没有完全消除。他们像受伤的野兽一样,隐藏在漠北的深处,暗中观察着汉朝的边境,随时准备恢复力量,再次入侵河西和漠南,与汉朝进行新一轮的较量。

元狩三年(前120),匈奴人再次挑起了争端。他们从右北平、定襄两个地方侵袭汉朝边境,劫掠了1000多名百姓。

匈奴长期在草原上生活,他们随着水源和草场迁徙。为了获取生活必需品、积累财富以及捕获奴隶,他们不断地向外扩张和探索,这是他们遵循的自然法则。

而汉朝则深植于农耕文化的土壤之中。稳定是国家发展的根本,和平是国家繁荣的基石。百姓安居乐业,国家有序发展,构成了汉朝的理想蓝图。

匈奴和汉朝在生活方式和世界观上有着巨大的差异。匈奴人追求扩张和征服,而汉朝则追求稳定与和平。这两种截然不同的生存理念,就像两条永远不会相交的平行线,难以融合。因此,汉朝和匈奴之间的决战似乎无法避免。这场战争不仅将决定两国的命运,还将深刻影响那个时代的历史进程。

历史的车轮正在缓慢地驶向那个关键的时刻。

第五章 封狼居胥

元狩四年（前119），汉武帝在为一场决定性的军事行动做准备，目标是彻底解决边境的威胁。同时，张骞主动请求再次出使西域，目的是联系乌孙国，与其建立联盟，以此来削弱匈奴在西域的影响力。

汉朝与匈奴之间的终极较量，终于要开始了。

为了确保战争的胜利，汉武帝不惜动用全国之力，组建了一支规模空前的军队。他同时任命了卫青和霍去病两位军事指挥官，令他们各自带领5万名精锐骑兵，分别从东西两个方向并进，独立作战，互不统属。

卫青麾下，名将云集，包括前将军李广、中将军公孙敖、左将军公孙贺、右将军赵食其和后将军曹襄等，他们都是勇猛的战士。而霍去病的军队则以年轻有为的将领为核心，包括李

第五章 封狼居胥

广的儿子李敢、从骠侯赵破奴和右北平太守路博德等,他们都是能征惯战的勇士。

在战马配备上,朝廷为军队精心挑选了10万匹经过特别饲养的"特种"战马,这些战马以小米为主食,被称为"粟马"。它们体型健壮,跑得快,耐力也比普通的战马要强得多。除了这些,卫青和霍去病还各自带了4万匹私人的战马作为战略储备,这些战马同样体能出众。

此次战役的目标直指匈奴的主力军。霍去病被指派去攻打伊稚斜单于,而卫青则负责对抗匈奴的左贤王。由于任务的紧迫性和重要性,汉武帝特意安排霍去病带领汉军中最强大的部队出征。

这一战,不仅关系到汉朝的尊严,也关系到边疆的安全。

最初的作战计划是霍去病从定襄出发,沿着西线前进;卫青则从代郡出发,沿着东线前进。这个计划是基于伊稚斜单于和他的主力部队驻扎在定襄北部的西线地区的情报。但是,在大军即将出发的时候,边境突然传来了急报,新捕获的匈奴侦察兵透露,伊稚斜单于和他的主力部队已经秘密转移到了代郡北部。

面对这个意外状况,汉武帝当即调整了作战计划,将霍去病调到东线,卫青调到西线,以应对新的战场变化。

得知汉军大规模北上的消息后,伊稚斜单于在汉匈边境蠢蠢欲动,再次采纳了赵信的策略,带领主力部队撤退到漠北的深处。他打算利用那里的地形设下埋伏,等待汉军经过长途跋涉后疲惫不堪时,再发动致命攻击。

然而,战场形势总是变幻莫测。由于伊稚斜单于的快速长途移动,卫青的军队在出塞后反而离他更近了。卫青通过侦察得知了伊稚斜单于的行踪,立即根据最新消息调整了作战计划。他命令部队全力追击伊稚斜,决不让敌人有喘息和准备的时间,从而破坏了敌人以逸待劳的计划。

卫青率领大军在沙漠中狂奔了1000多里,终于追上了伊稚斜,与匈奴主力展开了正面交锋。

在荒漠中作战,最忌讳的就是找不到目标,而此时匈奴主力就在眼前,汉军的士兵们兴奋不已,斗志高昂。

伊稚斜单于原本信心满满,以为可以凭借有利的地形和汉军的疲惫状态轻松击败他们。然而，他万万没想到，汉军骑乘的粟马竟然具备惊人的耐力，经过长途奔袭后依然能够迅速投入战斗。当汉军出现在他面前时，丝毫没有人马疲惫的现象。

更让伊稚斜单于感到意外的是，汉军这次还带来了新式武器——武刚车。

武刚车是一种多用途的战车，既可以运输战略物资，也可以转变为坚不可摧的防御工事。这种车辆外部覆盖着牛皮和犀甲，装备有长矛和盾牌，内部设有射击孔，供弓箭手隐蔽射击，对敌人进行精确打击。

卫青灵活地部署武刚车，命令士兵将其排列成环形防御，为步兵提供了坚固的掩护。同时，他派遣5000精骑，如猛虎下山般冲入敌阵，与匈奴军队展开了激烈的战斗。

汉军的攻势既突然又猛烈，匈奴的弓箭手试图进行远程射击，却发现他们的箭矢无法穿透武刚车的坚固防护。在这种情况下，伊稚斜不得不派出1万骑兵与汉军进行近战。

战场上，双方激战正酣，死伤无数，一时难以分出胜负。

就在这时，一场意外的沙尘暴就像幽灵一样降临。据史料记载：战场上大风骤起，沙砾纷飞，两军视线受阻，难以相见。仿佛整个世界都被混沌笼罩，狂风卷起沙石，无情地打击着每一位战士。黄沙很快吞没了战场上的所有士兵，命令难以传达，部队失去了指挥，士兵们只能依靠自己的作战能力继续奋战。

这场沙尘暴虽然带来了巨大的危险，但也为双方提供了难得的机会。

卫青凭借其对战场的敏锐洞察，快速做出了反应。他指挥尚未深入战场的45000名骑兵，灵活地分成两组，从战场两侧慢慢展开，犹如一只巨鸟缓缓张开双翼，巧妙地将匈奴的主力军围困在中间。

待风沙渐渐停歇，视线逐渐清晰，伊稚斜单于惊恐地发现自己已经被汉军骑兵团团围住。汉军不仅抓住时机进行了迂回包围，而且他们的行动迅速、战术灵活、武刚车坚固、粟马迅捷，以及军队的规模和士兵的英勇，都远远超出了伊稚斜单于的预料。

面对这突如其来的局势变化，伊稚斜单于的战意瞬间消散，心中只剩下一个念头，就是逃跑。于是，他乘坐着由六匹骡子

第五章 封狼居胥

拉动的战车,向西北方向急速逃离。数百名忠诚的士兵紧随其后,拼命保护他们的领袖脱离了危险。

当还在奋战的匈奴士兵得知他们的领袖已经抛弃他们独自逃生时,他们立刻陷入了混乱,纷纷丢弃装备,四处逃散。

在漠北之战中,卫青的部队共斩杀和俘虏了匈奴士兵19000余人,取得了辉煌的胜绩。这场关键的战役最终以汉军的全面胜利结束。

随着夜幕的降临,战场逐渐恢复了平静,只留下了那残酷而英勇的记忆。卫青一夜未眠,他拼命追击伊稚斜单于,尽管追出了200多里地,还是没能捕获伊稚斜。这成为了卫青心中的一个遗憾,也是这场战役中唯一未能实现的目标。

由于未能追上伊稚斜单于,卫青立即改变了战略,带领部队转攻匈奴的赵信城。这座城池的建立,实际上是赵信的计策。赵信曾是汉朝的将领,深知汉军的实力。投降匈奴后,他建议伊稚斜单于,仅靠游击战难以对抗汉军,因此提议建造坚固的城堡,储备物资,以便与汉军长期作战。伊稚斜采纳了他的建议,在寘颜山(今蒙古国哈尔和林市东南)建造了这座名为

"赵信城"的军事要塞。

这座曾经是匈奴荣耀象征的城市，在卫青军队的强攻下，轻易被攻克。卫青不仅夺取了城中储存的大量粮食，还在赵信城中休息了一天。之后，他命令焚烧剩余的粮食，赵信城在烈焰中化为废墟，匈奴的显耀也随之烟消云散。

在火光的映衬下，卫青带领着胜利之师，满载着战果，踏上了胜利的归途。令人唏嘘的是，与大军一同出征的李广，却未能回到长安。他选择了自杀，结束了自己传奇的一生。

在漠北之战即将打响之际，李广的名字并未被列入出征名单，汉武帝最初并不打算让他参与此次战役。

李广一生戎马倥偬，长期与匈奴作战，声名显赫，被匈奴人称为"飞将军"。他驻守的地方，匈奴不敢轻举挑衅，甚至单于得知他的动向后，也会下令务必要生擒他。

当决战临近，李广心中战意如火，渴望在战场上建立不朽功勋。汉文帝曾评价他："你生不逢时！若生于高帝时代，封万户侯又何足挂齿！"现在，不正是他为国家杀敌、立功、封侯的最佳时机吗？何况，他已年迈，这样的机会以后不会再有。

第五章 封狼居胥

因此,李广多次向汉武帝请战,表明自己的决心。最后,他的坚持感动了汉武帝,获得了出征的批准,被任命为卫青军队的前将军,率领前锋部队参战。

但是,命运似乎总爱与他开玩笑。自从汉朝开始主动对匈奴实施军事行动,李广虽然多次参战,却因各种原因始终未能建立显著战功。看着年轻的将领们一个个立功封侯,他内心也很焦急。汉武帝也因此认为他时运不佳,总是差那么一点运气。更何况,汉武帝明显更倾向于年轻的将领,认为李广年事已高,难以承担重任。

出征前,汉武帝特别叮嘱卫青:"李广年纪已大,而且运气似乎总是不太好,你尽量不要让他直接面对伊稚斜单于,以免他失败让单于有机会逃脱。"汉武帝将李广安排在卫青的统率下,可能也是出于这样的考虑。原本,霍去病才是被期望主攻匈奴单于的将领。

外界有传言称李广受到了汉武帝的打压,但实际上,汉武帝可能真的担心李广会影响整个军队的运势。毕竟,漠北的决战投入了巨大的国力,汉朝和汉武帝都经受不起失败的风险。

常言道，天意总是难以预测。战局变化无常，卫青出塞后，发现离单于更近，便果断决定追击。而李广作为前将军，原本应该率领前锋部队冲在最前面，与单于率先交锋。

但是，面对突发状况，卫青不得不改变战术，将李广从前线撤下，让他和右将军赵食其一起从东路进军。李广原本的主攻位置，最前方的先锋角色，就这样被替换，变成了辅助的角色。而前锋的位置，则交给了公孙敖。

对于这样的变动，李广心中自然充满了不满和愤怒。

李广据理力争，卫青态度坚决。李广认为自己受到了不公平的对待，在一番激烈的争论之后，李广愤怒地离开了。当他和赵食其一起带领东路军前进时，他们竟然迷路了。

《史记·李将军列传》中记载了六个字："军亡导，或失道。"这里的"导"指的是向导，在沙漠或草原中行军，没有向导的引导，大军就像失去方向的船只。而"亡"字，可以理解为失去，也可以理解为原本就没有。在这样重要的决战中，即使是辅助部队，也不应该缺少向导。他们之前已经俘虏了许多匈奴人，为五路大军各配备几名向导应该是足够的。可能是向导在

第五章　封狼居胥

关键时刻逃跑了，或者出现了其他意外。但无论是原本就没有向导，还是原本有向导但后来死了或跑了，结果都是一样的，那就是李广的部队"无人导引，军故失道"，东路军就像一群盲人一样，在陌生的地方迷失了方向。

更糟糕的是，李广的坏运气似乎还在继续恶化。

东路军的行进异常艰辛，他们所经过的路途不仅坎坷不平，而且极度缺乏水源，连草地也难以见到。

当卫青与匈奴单于激战之时，李广和赵食其却如同在荒漠中迷失方向的行者，焦虑而无目的地在荒地上徘徊。直到大军胜利返回，他们才在归途中意外地遇到了这支迷茫的东路军。

此时此刻，李广的心情极为复杂，难以用语言来表达。不满、失望、无助、愤怒，甚至绝望，各种情绪交织在一起，几乎让他喘不过气来。他一生的期望和所有的努力，在这一刻都化为乌有。更让他难以接受的是，他还要在他人的庆祝声中，等待着即将到来的惩罚。

李广和赵食其按照军令去见卫青后，各自回到了营地。没过多久，卫青派了军中的长史，带着酒肉来慰问。长史详细询问了东路军迷路的情况，显然是为了向朝廷报告这一事件做准备。

面对长史的询问，李广只是冷漠地对待，一言不发。他明白长史的用意，是想让他找出一个替罪羊来承担迷路的责任。但李广没有接受这样的安排，他直截了当地说道："校尉们没有错，所有的责任都在我李广身上，我会亲自去向大将军说明一切。"

此时，他已经暗暗下定了决心，要结束自己的生命，只是周围的人对此一无所知。既然被认定有罪，那么他选择以死来承担责任。

长史离开后，李广召集了他的士兵，留下了他的遗言："我从16岁开始就加入了军队，经历了70多次战斗。现在，我有幸跟随大将军去征讨单于，却被派到了侧翼，长途跋涉后迷路了。这是天意吗？我已经60多岁了，不想再受到那些文官的侮辱。"说完这些话，李广不等众人反应，就决然地拔剑自刎。

一代名将，就这样悲壮地没了。

据《史记·李将军列传》所载，李广死后，"广军士大夫一

第五章 封狼居胥

军皆哭。百姓闻之，知与不知，无老壮皆为垂涕"。

李广的去世不仅触动了所有士兵的心，也让官员和百姓深感哀痛。在与匈奴全面战争之前，他守卫边疆，保护了一方百姓的安宁。这难道不是伟大的成就吗？他的功绩和贡献，不需要"列侯"的头衔来证明。无论是在史书、军队，还是两千多年的民间传说中，人们都牢牢记住了他的名字：飞将军李广。

在攀登成功之峰的旅途上，个人的才华固然是成功的起点，但命运的垂青同样不可或缺。李广虽然勇猛且战功显赫，却似乎总是被命运戏弄。他一生戎马，到死也未能实现封侯的愿望，这让人不禁对命运的变幻无常感到无奈。

相比之下，卫青和霍去病这对汉朝双星，不仅在军事上才华横溢，似乎在关键时刻总能获得命运的青睐，准确无误地捕捉到敌人的踪迹。卫青因此成就了辉煌的功业，而李广将军却在无垠的沙漠中迷失了方向。

将这两个截然不同的场景并置，更添了几分对命运无常的唏嘘与感慨。

在东线战场上，霍去病同样取得了辉煌的战果。原本，他的目标是直接攻打匈奴单于伊稚斜。但是，战前得到的情报显示伊稚斜的部队在代郡以北，因此他与卫青的出发地点进行了交换。这导致霍去病的主要攻击目标就变成了匈奴的左贤王。

匈奴的统治阶层由三位核心领袖组成：单于、左贤王和右贤王，他们各自指挥着匈奴的主要军队。在之前的战斗中，伊稚斜单于和右贤王都遭受了重大打击。只有左贤王，因为较少参与战斗，所以实力得以保存。

"骠骑将军亦将五万骑，车重与大将军军等，而无裨将。悉以李敢等为大校，当裨将，出代、右北平千余里，直左方兵，所斩捕功已多大将军。"（《史记·卫将军骠骑列传》）

霍去病带领大军从代郡、右北平郡出发，深入边疆之外，寻找匈奴的主力。左贤王的反应与他们的单于惊人地相似，一听到汉军出塞的消息，就立刻骑马逃跑，一路奔逃2000多里地，直到逃到狼居胥山瀚海沙漠（今内蒙古苏尼特旗北部）。但是，即便逃得这么远，他还是没能逃脱汉军的追击。

值得一提的是，霍去病此行得到了三位非常称职的向导：匈奴的降将复陆支、伊即靬和赵安稽。在他们的引导下，汉军对这片地域了如指掌，就像回到了自己的家乡。那些以草为食的匈奴战马，终究无法与以小米为食的汉军粟马相匹敌。即使在广阔无边的沙漠中，也无法阻止汉军的前进。

在两军交战时，汉军取得了决定性的胜利。他们俘虏了匈奴左贤王部的7万余人，并继续追击，又捕获了包括屯头王、韩王在内的3名匈奴小王，以及左贤王部的将军、相国、当户、都尉等高级官员共计83人。

这场战役的战果可谓辉煌至极，它不仅代表了霍去病个人军事生涯的顶峰，也是汉朝对抗匈奴以来最辉煌的胜利之一。卫青和霍去病无疑成为了匈奴人难以逃脱的宿命。

《史记·卫将军骠骑列传》中有一段较为详细的记载："军既还，天子曰：'骠骑将军去病率师，躬将所获荤粥之士，约轻赍，绝大幕，涉获章渠，以诛比车耆，转击左大将，斩获旗鼓。历涉离侯，济弓闾，获屯头王、韩王等三人，将军、相国、当户、都尉八十三人，封狼居胥山，禅于姑衍，登临翰海。执卤获丑七万有四百四十三级，师率减什三，取食于敌，逴行殊远而粮不绝。以五千八百户益封骠骑将军。'右北平太守路博德属骠骑将军，会与城，不失期，从至梼余山，斩首捕虏二千七百级，以千六百户封博德为符离侯。北地都尉邢山从骠骑将军获王，以千二百户封山为义阳侯。故归义因淳王复陆支、楼专王伊即靬皆从骠骑将军有功，以千三百户封复陆支为壮侯，以千八百户封伊即靬为众利侯。从骠侯破奴、昌武侯安稽从骠骑有功，益封各三百户。校尉敢得旗鼓，为关内侯，食邑二百户。校尉自为爵大庶长。军吏卒为官，赏赐甚多。而大将军不得益封，军吏卒皆无封侯者。"

为了纪念这次卓越的成功，霍去病带领他的军队登上了狼居胥山（今蒙古国肯特山）和姑衍山（今蒙古国博格达汗山），并在那里举行了一场庄重的祭典。他们纪念了在战斗中牺牲的士兵，并向天地神灵祈祷，希望汉朝能够国泰民安。

祭典结束后，军队便胜利返回。

那一年，霍去病只有22岁，但他的名字和事迹已经永载史册。

自此之后，"封狼居胥"成为了汉朝军事荣誉的最高象征，它代表着中华儿女的开疆拓土与彰显国威，激励着一代又一代的中华儿女勇往直前,成为历史上不可磨灭的印记。

随着霍去病逐渐成为汉武帝不可或缺的得力助手,世间的种种情态也展现得淋漓尽致。那些曾经依附于大将军卫青的门客,纷纷转向冠军侯霍去病。

一个家族的兴衰荣辱,往往在一念之间就能发生巨大的变化。家族的命运,就像是漂泊在宦海权谋波涛中的一叶扁舟,时而被推向浪尖,时而又被抛入波谷。

霍去病在军事指挥上不拘泥于传统的兵法,而是以灵活和积极进取的态度用兵。他的自信和杰出的军事才能赢得了汉武帝的高度赞扬。更进一步的是,霍去病作为汉武帝的晚辈,在汉武帝的注视下成长,因此汉武帝对他更是偏爱有加。

当汉武帝想要赠予他一座豪宅以示赞赏时,霍去病却以"匈奴未灭,何以家为"这样铿锵有力的话语婉拒了。这句话不仅让汉武帝对他更加器重,而且成为了后世激励人们勇往直前的名言,至今仍在激励着人们的心。

河西之战和漠北之战这两场关键战役之后,匈奴与汉朝的力量对比发生了根本性的转变。匈奴被迫向更遥远的西方和北方撤退，正如《汉书·匈奴传》中所记："匈奴远遁，而幕南无王庭。"

匈奴因此失去了大片土地，军事力量也遭受了重创。面对这样的困境，匈奴只能选择暂时休战，同时加强对西域各附属国的控制和联系，企图通过联合西域各国再次对汉朝构成威胁。

然而，这无非是匈奴的异想天开……

绚烂的胜利往往伴随着沉重的牺牲。在对匈奴造成重大打击的同时，汉军也遭受了数万士兵的伤亡。出发时的14万匹战马中，只有3万匹得以返回。由于战马资源的枯竭，汉朝此后未能再发动像漠北之战这样的大规模军事行动。

连续的战役消耗，也使得国家的人力、物力、财力都遭受了巨大损失。据《汉书·食货志》记载："大司农陈臧钱经用赋税既竭，不足以奉战士。"

国库空虚，汉朝廷不得不缩减军事行动。当时，汉朝在南方、东部、西南等多个方向都有战事，还需应对与两越、朝鲜、羌以及西南夷的冲突，因此无暇顾及远遁的匈奴。

于是，汉朝也选择了暂时停战。

第五章 封狼居胥

在这样的现实背景下，从汉武帝元鼎元年（前116）至太初四年（前101），汉朝与匈奴之间虽然仍有小规模的冲突，但未再发生大规模战争。汉匈之间的紧张关系有所缓和，边境地区也迎来了短暂的和平。

与此同时，随着匈奴势力的西移，汉朝的军事战略也相应地向西调整。与匈奴一样，汉朝也开始积极地与西域各国建立联系。因此，开辟通往西域的通道成为了一项迫切需要采取的重要措施。

据《汉书·西域传》记载："孝武之世，图制匈奴，患其兼从西国，结党南羌，乃表河西，列四郡，开玉门，通西域，以断匈奴右臂。"

为了实现"断匈奴右臂"的战略目标，并确保汉朝与西域之间的交通路线畅通，同时加强对河西走廊的控制，汉朝廷在这一地区陆续设立了酒泉、张掖、敦煌、武威四个郡，正式将河西走廊纳入汉朝的版图之中。

之后，汉朝廷在从敦煌到辽东，总长超过5750千米的边境线上增强了边防，增派了18万士兵驻守酒泉、张掖北部地区，并建立了居延、休屠两个重要的军事要塞，以保护酒泉的安全，进一步强化了河西走廊的防御。

由于当时河西走廊地区人口稀少，汉朝廷有计划地向这四个郡移民，以增加人口并推动地区的繁荣。

据文献记载，河西走廊水草丰富，土地肥沃，汉朝廷在朔方、西河、河西、酒泉等地引河水及川谷之水灌溉农田，大力发展灌溉工程。同时，还为移民和士兵提供了农具，鼓励他们耕种土地，进行农业活动。到了西汉末期，这里的人口已经增长到28万多人，生产得到了极大的提升，边防也因此更加稳固。

汉朝在河西走廊建立了一套完整的防御体系，确保了中原与西域之间的紧密联系。

第六章 未竟传奇

霍去病 少年得志的骠骑勇将

"骠骑将军自四年军后三年,元狩六年而卒。天子悼之,发属国玄甲军,陈自长安至茂陵,为冢象祁连山。谥之,并武与广地曰景桓侯。子嬗代侯。嬗少,字子侯,上爱之,幸其壮而将之。居六岁,元封元年,嬗卒,谥哀侯。无子,绝,国除。"(《史记·卫将军骠骑列传》)

元狩四年(前119)的漠北之战,是西汉在对抗匈奴的漫长战役中规模最大、最艰苦、最残酷的战役。再加上元朔二年(前127)的河南之战、元朔五年(前124)至元朔六年(前123)的漠南之战以及元狩二年(前121)的河西之战,这些连串的胜利如同基石,稳固地奠定了汉朝北方边境的安宁。同时,汉武帝在河西地区设立了武威、张掖、酒泉、敦煌四郡,这便是历史上赫赫有名的"列四郡,据两关"(《汉书·西域传》)。

第六章 未竟传奇

这四郡的设立,不仅标志着汉朝与西域的紧密联系,更是奠定了汉朝的辽阔版图。

为了表彰将士们在战场上的卓越表现,汉武帝决定增置大司马这一官位,并让大将军卫青和骠骑将军霍去病都担任了这一职务。这一决定不仅是对他们功绩的肯定,更是对他们地位的提升。然而,与此同时,朝廷还下了一项法令,让骠骑将军的官阶和俸禄与大将军相等。这一规定无疑打破了原有的权力格局,使得霍去病的地位迅速攀升,而卫青的权势则日渐衰退。

随着时间的推移,大将军卫青昔日的风光与权势逐渐消散,而骠骑将军霍去病则日益显贵。这一变化不仅让卫青感到失落与无奈,更让他的老友和门客们心生动摇。他们纷纷离开卫青,转而投奔霍去病,希望能在新的权力中心获得更高的地位和更多的财富。

在这些离开卫青的人中,不乏一些曾经与他并肩作战、共同经历过生死考验的战友。他们的行为不仅让卫青感到痛心与失望,更让世人看到了人性的复杂与多变。

在这股趋炎附势的潮流中，却有一位名叫任安的舍人选择了坚守。任安，字少卿，出身贫困，后来做了卫青的舍人。他与太史令司马迁交好，两人经常书信往来，太史令司马迁留世的《报任安书》即司马迁给任安的回信。

任安清醒地拒绝了霍去病的招揽与诱惑，坚定地站在卫青的一边，深得卫青器重，也为自己唏嘘的结局埋下了伏笔。

这时，霍去病权势已经达到了顶峰。他不仅在战场上取得了辉煌的战绩，更在朝廷中获得了极高的地位与声望。与此同时，他的性格也变得日益骄横与霸道。对朝廷中的其他将领和官员指手画脚、颐指气使，甚至忘记了自己的出身、家族和对帝王应有的敬畏。

元狩五年（前118），霍去病故意泄私愤，射杀李敢，汉武帝无奈地为之隐瞒、包庇。或许，从射杀李敢的那一刻起，霍去病的结局就已经注定。

霍去病的狂妄让同朝的将领和官员感到不满与愤怒，更是触动了帝王的"逆鳞"，汉武帝对他产生了警惕与戒备。

李敢过世后，朝中大臣对霍去病意见极大，霍去病已经无

第六章　未竟传奇

法在京城生活，汉武帝命他驻守朔方。不久，霍去病在朔方染病，元狩六年（前117），23岁的霍去病在长安病故，汉武帝为其赐谥号"景桓"，陪葬茂陵，并命匠人仿照祁连山的形状为其修筑坟墓。

关于霍去病的突然暴毙，正史、野史有两种说法，正常死亡和非正常死亡。

正常死亡之病故说。这个说法出自于续补过《史记》的西汉史学家褚少孙。褚少孙在《史记》上补充、注释为："光未死时上书曰：臣兄骠骑将军去病从军有功，病死，赐谥景桓侯，绝无后，臣光愿以所封东武阳邑三千五百户分与山。"这是史书中对霍去病死因的唯一记载，由霍去病的同父异母弟霍光证实是病死。

正常死亡之劳累致死说。霍去病在大漠领兵征战，长期处于艰苦恶劣的环境，可能对身体造成了巨大伤害。霍去病因积劳成疾，累死的说法是有可信度的。

正常死亡之家族遗传病致死说。霍去病英年早逝，他有一个儿子霍嬗，据说霍嬗的生母是一个宫女，霍嬗年幼而亡，据说只有 10 岁。所以，有人推断：霍去病的家族可能有某种遗传疾病，所以他和儿子的寿命都很短暂。

非正常死亡之天谴说。众所周知，古代的帝王尊称为天子，世上只有天子才有资格举行封禅大典。霍去病敢登狼居胥山封禅祭天，他去世后，汉武帝爱屋及乌，想再培养一名横扫大漠的勇将。他让霍嬗继承了"冠军侯"，并且在元封元年（前110）"泰山封禅"的时候，带着小霍嬗登顶泰山。可就在封禅结束后没多久，霍嬗暴卒。民间迷信地认为，除了天子之外，其他人祭祀会遭到上天的惩罚，所以霍去病和霍嬗才会折寿而亡。

非正常死亡之瘟疫说。这是当下影视作品津津乐道的说法，大致参考了《汉书》记录的一名匈奴俘虏的供述："闻汉军当来，匈奴使巫埋羊牛所出诸道及水上以诅军。单于遗天子马裘，常使巫祝之。"意思是汉军一旦触碰或者食用这些牛羊肉，或者饮用过被这些牛羊尸体所污染了的水源，就会染上疾疫。所以，有人推断，霍去病和士兵们在行军中食用了被瘟疫污染的河水和染上瘟疫的牛羊及野生动物，感染了可怕的瘟疫，无药医治而死。

非正常死亡之阴谋说。司马迁在《史记》中对霍去病的离世没有任何记载,让后世对霍去病的死产生了质疑。霍去病的封禅祭天、射杀李敢是帝王所不能容忍的,有些学者推测,霍去病可能是被汉武帝秘密毒杀的。

不论哪种说法,霍去病的骤然离世,给人留下了无尽的哀愁与惋惜。汉武帝给了这位勇将最高的荣誉。汉武帝调集边境五郡之铁甲军,自长安绵延至茂陵,列阵致哀,为其举行了一场规模空前的葬礼。

霍去病之子霍嬗,作为冠军侯的继承者,自幼便备受汉武帝的宠爱与期许。霍嬗年幼时,表字"子侯",寓意着他将承继父志,成为新一代的英雄豪杰。可惜命运无常,霍嬗在霍去病逝世七年后,也不幸去世。为悼念霍嬗,汉武帝特赐其谥号"哀侯"。

霍嬗的离世,也意味着霍去病血脉的断绝,其封国亦随之撤销。这一变故,不仅让霍家陷入深深的悲痛,更让后世对霍氏家族的传奇故事充满感慨与惋惜。

霍去病以非凡的勇气与智谋，为汉朝边疆的稳固立下了赫赫战功；他的战术灵活、善于发现并利用敌人的弱点，战略上则具有远见，能够根据实际情况制定有效的方针。这些军事上的洞见和经验，为后来的军事领导者提供了宝贵的参考。

在经济层面，他的胜利对汉朝产生了积极的作用。他开辟了河西走廊，为汉朝与西域之间的贸易搭建了桥梁。这一通道的建立，使得汉朝的丝绸、瓷器等商品能够便捷地流通到西域，同时西域的珍稀物品和技术也得以引入，促进了双方的经济和文化交融。

他的军事成功也为汉朝内部经济的发展创造了条件。边疆的稳定使得朝廷能够将资源更多地投入到内地的经济建设中，农业、手工业和商业因此得到了迅速发展，汉朝的经济实力也因此得到了增强。

在文化交流方面，他的胜利同样具有重要意义。河西走廊的开通和郡县的建立，使得汉朝与西域的文化交流变得更加密切。西域的音乐、舞蹈、艺术等文化元素逐渐融入汉朝，丰富了汉朝的文化生活。同时，汉朝的文化，如儒家思想、汉字、

第六章 未竟传奇

礼仪制度等,也在西域地区得到了传播和认同。他不仅促进了文化的交流,更为这种交流提供了条件,使得汉朝与西域的文化交流更加频繁和深入,为后世的文化发展打下了坚实的基础。

自骠骑将军霍去病英年早逝后,西汉朝堂之上风云变幻,大将军卫青家族亦随之历经沧桑。

时光匆匆流逝,元鼎元年(前116),大将军卫青的长子卫伉,因诈称君命,擅自行事,被削去宜春侯爵位。

这一变故,不仅标志着卫青家族荣耀的首次黯淡,也预示着接下来更为复杂的家族命运。紧接着,卫伉的两个弟弟——阴安侯卫不疑与发干侯卫登,同样未能幸免于难。

他们因在助祭仪式中供奉的金器成色不足、分量不够,触犯了朝廷律例,相继被剥夺了爵位。这一系列事件,无疑是对卫青家族的一次沉重打击,让曾经显赫一时的家族地位摇摇欲坠,风雨飘摇。

元封五年(前106),大将军卫青也走到了生命的尽头。这位曾无数次驰骋疆场、为国尽忠的老将,最终未能逃脱命运的捉弄。朝廷为表彰其一生功绩,特赐谥号"烈侯",以此铭记他为国家安宁所做出的卓越贡献。

卫青的离世,不仅意味着一个时代的终结,也让卫家失去了最后的支柱与庇护,家族的未来充满了未知与挑战。

在卫青逝世后,其长子卫伉再次被朝廷册封为长平侯,继承了父亲未竟的事业与荣耀。这一封赏,无疑为卫家带来了希望与慰藉。

但此时的卫家已不复当年之盛,家族成员或因罪失爵,或因故凋零。卫青家族的兴衰,不仅是个人命运的沉浮,更是西汉王朝政治格局与军事力量变迁的缩影。从霍去病的英年早逝,到卫青家族的接连变故,这一系列事件见证了西汉王朝从辉煌到衰落,再到新希望诞生的曲折历程。

而对于霍去病,可以总结为:大漠烽火起狼烟,英勇儿郎霍去病。

铁骑驰骋如飞电,匈奴胆寒皆避退。

战功赫赫震四方,河西千里尽归汉。

第七章 后世评说

历史上对霍去病的评价主要以正面为主，多元且全面。

在《汉书》中，班固以诗意的笔触描绘了他的英勇形象："票骑冠军，飚勇纷纭，长驱六举，电击雷震，饮马翰海，封狼居山，西规大河，列郡祈连。"而在《三国志》中，曹彰和曹植也分别表达了对霍去病的敬仰之情。曹彰说："丈夫一为卫、霍，将十万骑驰沙漠，驱戎狄，立功建号耳。"曹植则赞叹道："昔汉武为霍去病治第，辞曰：'匈奴未灭，臣无以家为？'固夫忧国忘家，捐躯济难，忠臣之志也。"

在唐宋时期，霍去病始终拥有配享帝庙的声誉。

唐代史学大家司马贞在《史记索隐》中对霍去病赞誉有加："票姚继踵，再静边方。"寥寥数语，便勾勒出霍去病英勇善战、屡建奇功的辉煌形象。

第七章 后世评说

散文名家独孤及在《新唐书》中高度评价霍去病的历史地位:"汉兴,萧何、张良、霍去病、霍光以文武大略,佐汉致太平。"他将霍去病与萧何、张良等名臣并列,足见其在汉朝历史上的卓越贡献。

北宋名臣、大理寺丞李惟清在《宋史》中提及霍去病,称赞道:"臣闻汉有卫青、霍去病,唐有郭子仪、李晟,西北望而畏之。"此言不仅彰显了霍去病的威名远播,更体现了他在军事上的重要地位。

大文学家苏洵在其著作《御将》中将霍去病与韩信、李靖等历史名将相提并论:"汉之卫、霍、赵充国,唐之李靖、李绩,贤将也。"苏洵的赞誉,无疑是对霍去病军事才能的极高认可。

北宋兵学大家何去非在《何博士备论》中更是对霍去病推崇备至:"昔者,汉武之有事于匈奴也,其世家宿将交于塞下。而卫青起于贱隶,去病奋于骄童,转战万里,无向不克。"他通过对比霍去病与其他将领的战绩,深刻揭示了霍去病非凡的军事天赋和卓越的指挥才能。

抗金名将、民族英雄李纲在《梁谿集·论大将之才》中将霍去病与卫青、赵充国等名将并列,称赞他们"皆能宣国威灵,猎取夷狄,如禽兽"。此言不仅体现了霍去病在战场上的英勇无畏,更彰显了他对国家的忠诚与贡献。

南宋学者张预在其著作《十七史百将传》中详细列举了霍去病的战绩与军事智慧:"孙子曰:'不用乡导者,不能得地利。'青以张骞道军而无饥渴……去病所将常选……去病约赍,绝幕取食于敌而粮不绝。"张预的赞誉,不仅体现了霍去病对兵法的深刻理解与灵活运用,更彰显了他作为一代名将的卓越才能。

宋朝思想家、史学家黄震对霍去病的评价则更为独特:"凡看卫霍传,须合李广看。卫霍深入二千里,声振华夷,今看其传,不值一钱。李广每战辄北,困踬终身,今看其传,英风如在。"黄震通过对比霍去病与李广的战绩与传记,深刻揭示了历史评价的复杂性与多样性。

南宋文学家陈元靓在其作品《事林广记·后篇》中以诗意的笔触赞美霍去病:"暗合孙吴,时称卫霍。殄灭群丑,肃清沙漠。意气峥嵘,功名熏灼。民到于今,叹其雄略。"陈元靓的赞誉,不仅体现了霍去病在军事上的卓越成就,更彰显了他对后世产生的深远影响。

元代的马端临在《文献通考》中写道:"徽宗政和三年,礼仪局上《五礼新仪》……世宗孝武皇帝以丞相、平津侯公孙弘,大将军、长平烈侯卫青,骠骑将军、冠军景桓侯霍去病。"

元代丞相脱脱编撰的《宋史》中有"太祖建隆三年,诏修武成王庙……仍令颂检阅唐末以来谋臣、名将勋绩尤著者以闻",霍去病就位列其中。

明代中期的史学家丘濬在《大学衍义补》中将霍去病与唐代的张巡、宋代的岳飞并列,称赞他们为"自古名将不用古兵法者三人","皆能立功当时,垂名后世"。丘濬的赞誉,不仅体现了霍去病在军事上的创新精神,更彰显了他作为一代名将的卓越地位。

明代史学家王世贞在《戚将军纪效新书序》中对霍去病的军事才能给予了高度评价:"余尝怪汉武帝时……而大将军、骠骑将军以轻骑绝大漠,数得志焉。此岂尽出天幸,不至乏绝哉?"王世贞通过回顾霍去病的战绩,深刻揭示了他在军事上的非凡才能与卓越贡献。同时,他也对太史公在传记中对霍去病战绩的简略记载表示了遗憾，认为这未能充分展现霍去病的军事才华。

明末学者、民族英雄黄道周在其《广名将传》中深情描绘霍去病的英勇事迹："骠骑将军，名曰去病，出塞远征，常缴天幸。浑邪欲降，众心未稳，去病挺身而往，力挽狂澜，执回成命。面对叛逃，他果断欲斩，以儆效尤，又请王入境，彰显智勇。上欲教其兵法，去病却自信方略自胜，其志在平定天下，而非局限于一兵一卒。如此忠勇之将，令人可敬可佩。然其不惜士兵饥饿，亦算一憾。"

中国四大启蒙思想家之一的王夫之在《宋论》中高度评价霍去病的军事才能："武帝遣将度绝幕、斩名王、横驰塞北，其中卫青、霍去病、李广等人，皆出身寒微，未受孙、吴兵法之熏陶，未闻金鼓之节奏，却能凭借一股新锐之气，威震朔漠，实乃非凡之才。"

近代历史学家蔡东藩对霍去病的评价尤为中肯："卫青与霍去病，皆以天幸屡建奇功。六师无功之时，去病独能战捷，斩虏首至二千余级，此虽人事，亦天命所归。汉武诸将中，首推卫霍,一舅一甥,出身相似,立功亦同,实为汉史之奇谈。"

关于霍去病的诗词歌赋流传甚多,隋朝军事家杨素在《出塞》中写道:"冠军临瀚海,长平翼大风。"南北朝时曹景宗的《光华殿侍宴赋竞病韵诗》:"去时儿女悲,归来笳鼓竞。借问行路人,何如霍去病。"隋朝诗人薛道衡有《出塞·其二》:"绁马登玄阙,钩鲲临北溟。当知霍骠骑,高第起西京。"南朝文学家虞羲更是以一首五言律诗《咏霍将军北伐》,深情缅怀了霍去病击败匈奴、马革裹尸的壮志豪情。

唐朝的谪仙人李白在《塞下曲·其三》中也写道:"功成画麟阁,独有霍嫖姚。"所以,无论是历代君主,还是文人武将都对霍去病的功绩持认可、肯定的态度。

西汉史学家司马迁在《史记》中对霍去病的描写笔墨并不多,一方面体现在霍去病豪迈的英雄形象和赫赫战功上。比如,文章中写道:"与轻勇骑八百直弃大军数百里赴利,斩捕首虏过当。"(《史记·卫将军骠骑列传》)写出霍去病率领800名勇士深入大漠作战的大无畏性格。司马迁还通过5篇诏书来描写卫青、霍去病在漠南战役、第一次河西之战、第二次河西之战、河西受降战、漠北战争中的功绩。其中，河西战争和漠北战争是霍去病建功立业的主要战役，详细介绍了战争情况。另一方面也详细描写了霍去病性格上的不足和与人交往中的欠缺。比如他在军中不体恤士兵，傲慢地射杀李敢等。对于霍去病这些利己主义的弊病，司马迁认为是他受家庭影响较大。霍去病从未深刻地体会过平民百姓的疾苦，所以才会不体恤属下。而且，"天子为遣太官赍数十乘，既还……或不能自振，而骠骑尚穿域蹋鞠"（《史记·卫将军骠骑列传》）。

由此看出，霍去病在行军打仗的时候，竟然放着数十车的粮食忘记分给将士吃，打仗归来，粮食都腐烂了，但士兵都在忍受着饥饿，军中士气低迷，而霍去病丝毫不关心这些，反而在踢球玩耍。司马迁用"事多此类"的话语真实地为后人展现了霍去病立体、全面的个人形象。

霍去病射杀李敢的这一恶性事件也逃脱不开史官的批判。司马迁认为霍去病的品德有亏。要知道，李敢是汉武帝时期的名将，李家父子为汉朝立下诸多战功。霍去病因泄私愤射杀李敢，汉武帝却为其隐瞒真相，对外宣称李敢是触鹿而亡，这对李家绝对是不公平的。

司马迁对霍去病的态度影响着后世的判断和态度。清代的何焯在《义门读书记》中写道:"卫、霍将略,太史公不之取也……非以示讥?"由此可见,何焯对卫青和霍去病的不喜和鄙夷。吕思勉先生在《秦汉史》中写道:"彼卫、霍之所以制胜者,乃由其所将常选,而诸宿将所将,常不逮之耳。"可见,对霍去病的评价也不是很高。他们都认为卫青、霍去病的功绩主要来自汉武帝的宠幸以及命运的馈赠。

第八章 霍去病墓

霍去病墓位于陕西省兴平市南位镇境内，距汉武帝茂陵东部约1千米处。

关于霍去病墓的确切位置，最早的文献记载出现于《史记索隐》中，司马贞引用了姚氏（可能为南朝陈姚察）的注解。在注解里，姚氏指出："（霍去病）冢在茂陵东北，与卫青冢并。西者是青，东者是去病冢。上有竖石，前有石马相对，又有石人也。"

这段描述指出了霍去病墓位于汉武帝茂陵的东边，并且墓上有石刻装饰。自从姚氏的记载之后，关于霍去病墓的具体位置几乎没有争议。

时光流转至中华人民共和国成立后，对墓藏人物的确认和保护成为了国家的重点工作。

第八章 霍去病墓

汉武帝的茂陵区域，蕴含着丰富的历史故事，自然成为了考古学者们的关注焦点。陕西省文物管理委员会、考古学家刘庆柱与李毓芳先生，以及咸阳市文物考古研究所等机构，陆续在这一地区进行了深入的考古研究和勘探。他们的每一次发掘工作，都仿佛在与历史进行着一场跨越时空的对话；他们的研究成果也都一致证实了霍去病墓的位置，与姚氏的记录相一致。

然而，学术界总是充满了深度和广度，总有新的问题和挑战等待探索。

尽管大多数学者都接受了姚氏关于霍去病墓位置的确定，但仍有一些学者带着对历史的敬畏和好奇心，对这座古墓的归属提出了不同的意见。他们认为，霍去病墓的石刻作为中国最早的墓葬石刻，明确其归属对于后续的研究极为关键。

因此，对霍去病墓位置的进一步探讨，就像是在历史的迷雾中寻找那些细微的线索，虽然充满挑战，却具有重大的意义。

为了满足这一学术追求，2006 年至 2008 年期间，陕西省考古研究院等机构再次对这片土地进行了更为细致的考古调查和勘探。他们运用专业知识和严谨的态度，逐步拼凑起历史的碎片，为重新评估霍去病墓的位置问题提供了更加坚实的证据。

据资料显示，西汉时期，皇家的陵墓设计精心，包括为显赫的大臣和贵族准备的陪葬墓。每当新皇帝即位的第二年，负责皇家陵墓建设的将作大匠就会开始建造陵墓，占地宽广，达到7顷。在这片陵墓区域内，除了皇帝的主要陵墓外，还会特别留出一部分作为皇后的陵墓，其余的部分则分配给不同等级的嫔妃，如婕妤等。而那些剩余的土地，则作为皇帝对亲属和有功之臣的恩赐，允许他们在逝世后安葬在皇帝附近，以示荣耀。

到了东汉时期，汉和帝曾发布一道诏书。在诏书中，他回忆了汉高祖刘邦时期的功臣们，特别是萧何和曹参。然而，曹参的后代容城侯，却遭遇了无子嗣的不幸，这让汉和帝在望向长陵东门看到这两位功臣的陵墓时，心中满是感慨和敬仰。汉和帝认为，无论何时何地，忠义之人都会受到人们的尊敬和怀念。因此，他命令使者以庄重的中牢之礼进行祭祀，并命令大鸿胪寻找曹参的近亲中合适的人选，以继承爵位，确保这份荣耀和功绩能够传承下去，让后人铭记。

汉武帝时期，丞相李蔡获得了汉武帝的特殊赏赐，得到了位于阳陵的一块墓地,这可以看作是对他生前成就的认可和奖励。

而在汉成帝时期,具体是在鸿嘉二年(前19),为了巩固中央权力并彰显皇帝的慷慨,汉成帝将昌陵周边的墓地和住宅赐给了丞相、御史大夫、将军、列侯、公主以及中二千石等高级官员和贵族,使他们在逝世后能够继续安葬在皇帝陵墓的附近,享有荣耀。

根据考古资料显示,西汉帝陵陪葬墓制度确实存在。

汉高祖刘邦的长陵,其陪葬墓群如同一串历史的珍珠,从西到东延伸,覆盖了从长陵到泾河南岸的区域,总长度达到了8千米。

汉景帝的阳陵,其陪葬墓的布局更为精细,陵园北面耸立着两座壮观的大型墓葬,而其他的墓葬则散布在西安市高陵县泾渭镇梁村东北和米家崖村西南的地区。这个区域从帝陵东侧1100米处开始,一直延伸到泾渭镇米家崖村的边缘,总面积约为3.5平方千米。

茂陵的陪葬墓则遍布周围,无论从东、南、西、北哪个方向都能看到它们的身影,数量之多,令人惊叹。

而汉元帝的渭陵，其陪葬墓的情况则略显不同，陵园东北区的32座墓葬被确认为嫔妃的陪葬墓，而在陵园外，西南、东南、南部以及东侧和西北角，也零星分布着一些墓葬，它们可能也是渭陵的陪葬墓。

汉哀帝的义陵，也伴随着陪葬墓的存在。在陵园外的东部和南部，考古学家发现了这些古墓。

萧何和曹参这两位西汉的开国功臣，不仅在汉朝的建立中扮演了重要角色，而且与汉高祖刘邦有着深厚的情谊，他们之间的联系十分紧密。西汉王朝建立之后，这两位卓越的政治家相继担任了相国，深受皇帝的信任，享有极高的地位。萧何去世后，被尊荣地安葬在长陵陪葬区内最为显眼的位置，紧邻长陵东司马门道的北侧，与长陵仅一邻之隔。而曹参去世后，同样被赐予殊荣，葬于长陵东司马门道之北，紧邻萧何之墓。

再来看霍去病墓。

关于霍去病的英勇事迹主要体现在对抗匈奴的战场上，这一点前文已有详细叙述，因此，此处不再赘述。霍去病凭借其卓越的战功和汉武帝的深厚宠信，在朝廷中的地位达到了前所

第八章 霍去病墓

未有的高度。当他离世时，汉武帝为他举行了一场庄重而盛大的葬礼，以表达对他的深切哀悼。

虽然《史记·卫将军骠骑列传》中没有明确指出霍去病被安葬在茂陵，但从葬礼的规模和行进路线来看，霍去病被安葬在茂陵陪葬墓区是毫无疑问的。

这一点可以从汉武帝后期另一位重要大臣金日磾的葬礼中得到佐证。《汉书·霍光金日磾传》中提到："赐葬具冢地，送以轻车介士，军陈至茂陵。"就是说，金日磾去世后，汉昭帝赐予他丧葬用品和墓地，并派轻车武士护送他至茂陵安葬，这清楚地表明金日磾被安葬在茂陵陪葬墓区。考虑到霍去病与金日磾的情况相似，可以推断霍去病也被安葬在茂陵陪葬墓区，与汉武帝一同长眠于此。

前文述及，卫青在北击匈奴的战役中同样立下了功勋，而他与卫皇后之间的亲属关系，让他拥有了外戚的身份。

在汉武帝时期，除了卫青和霍去病这两位杰出人物外，还有三位显赫且具有外戚身份的重要人物，分别是早期的田蚡、中期的栾大和晚期的李广利。

田蚡作为汉武帝的舅舅，在《汉书》中占有重要的位置。汉武帝刚登基时，田蚡就因其皇亲国戚的身份被封为武安侯，并历任太尉和丞相等高职。在那段时间，田蚡的权力达到了顶点，他上朝奏事时常常能够直言不讳，他的意见也多被汉武帝采纳。他推荐的人有时甚至能直接晋升为二千石的职位，其权力之大，几乎威胁到了皇权。

然而，田蚡的傲慢行为也引起了汉武帝的不满。有一次，他竟要求将皇家园林划为自己的私产，汉武帝怒斥道："你是不是还想要武库？"由此可以看出汉武帝对田蚡的强烈反感。但由于王太后的保护，汉武帝不得不继续重用田蚡。因此，尽管田蚡地位很高，但他死后被安葬在茂陵陪葬墓区的可能性并不大。

关于田蚡的葬地，有学者认为，尽管历史文献中没有明确记载田蚡及其兄弟田胜的葬地，但根据当时的丧葬制度，他们很可能被安葬在长陵田氏墓地。这一推断，也让我们对汉武帝时期错综复杂的政治局势有了更深的认识。

《史记·孝武帝本纪》中曾提到，汉武帝在登基之初，对祭

第八章 霍去病墓

祀鬼神的活动非常虔诚，这种敬畏的态度为栾大后来受到宠信埋下了伏笔。

元鼎四年（前113），栾大觐见汉武帝，他大肆宣扬自己拥有招徕神仙的神通。汉武帝听后感到非常惊讶和高兴，随即封栾大为五利将军。

仅仅一个多月后，栾大又连续获得了四枚金印，分别象征着天士将军、地士将军、大通将军和天道将军的崇高地位。汉武帝还慷慨地赐给地士将军栾大2000户的封地，并封他为乐通侯，以此表达对他的宠爱。

为了进一步巩固与栾大的关系，汉武帝甚至将自己的女儿卫长公主嫁给了他，并陪嫁了万斤黄金，还将公主居住的邑名改为当利，以显示这段婚姻的显赫。

汉武帝对栾大的宠爱程度很深，栾大一度在朝中权势显赫，但好景不长，他欺骗汉武帝的行径很快就被揭露，最终遭受了腰斩的极刑。这样的结局意味着他无法享有茂陵陪葬墓的尊贵地位。

据《汉书·外戚传》中记载，李广利作为汉武帝晚期的另一位受宠的外戚,曾被任命为贰师将军,并封为海西侯。孰料,命运多舛,在征和三年(前90),李广利带领7万大军从五原出发攻击匈奴,在渡过郅居水时遭遇重大失败,最终选择投降匈奴,并被单于杀害。李广利的这一行为,也使他失去了葬于茂陵陪葬墓区的资格。

由此不难发现,在汉武帝时期,那些地位显赫且拥有外戚身份的大臣中,能够陪葬茂陵的,似乎只剩下卫青和霍去病二人。

根据历史文献的记载,贵族和大臣若被允许葬入帝王陵的陪葬墓区,其墓地的布局是遵循一套严格规划原则的,并非随意安排。

具体来说,负责陵墓事务的官员会细致地划分墓地区域,并绘制成图。在这张图上,先王的墓位于中心位置,昭、穆两系的墓则分别位于左右两侧。诸侯的墓紧挨着先王墓的左右前方,而卿大夫和士的墓则位于其后,都是按照家族的辈分顺序排列。

特别指出,因战争而牺牲的人是不被允许葬入这片尊贵的墓地的。而那些在战争中立下显著功绩的人,则会被安排在更

第八章　霍去病墓

显眼的位置，以示对他们的尊敬。此外，墓葬的大小、高度以及树木的数量，都是根据墓主的爵位来决定的。

如果我们以西汉帝陵为例，可以看到，这些帝陵的规划设计模仿的是当时的京城长安。长安城和未央宫都是以东门作为正门，也就是国家的大门。因此，陵园的主入口与未央宫的主入口一样，都位于东门。

在当时，人们认为未央宫东门外的住宅是尊贵的象征，称之为"甲第"。

据历史资料记载，司马相如在他的作品中提到，为了激励边疆的士民保家卫国，朝廷会赐予他们封地和爵位，其中地位较高的人甚至能获得通侯的爵位，并居住在东门外的显赫住宅中。

司马贞在《史记索隐》中对这一现象进行了阐释，他指出："列甲第位于帝城的东边，因此被称为东第。"由此可见，能够居住在未央宫东门外，是身份显赫的标志，通常只有达到列侯级别的贵族才能享有这种荣誉。

依此类推，陪葬帝陵的选址也遵循着类似的逻辑。当时的人们深信"事死如事生"的丧葬观念，认为死后的世界与生前并无二致。因此，帝陵陵园的东门外，也被视为死后世界的尊贵之地。那些功勋卓越、地位显赫，或深受皇帝宠信的贵族大臣，往往会被赐予这样的葬地，以彰显他们的尊贵与荣耀。

所谓的"前"，是指相对于帝陵陵园东司马门较近的区域；而"后"，则是指相对较远的区域。有学者经过细致研究后发现，从长陵、安陵、茂陵和杜陵的陪葬墓布局来看，存在一个明显的规律：陪葬墓主人的地位越显赫，其墓葬就越接近帝陵的东司马门。

以长陵为例，萧何和曹参作为地位最高的陪葬者，他们的墓葬就位于离长陵东门最近的位置。站在长陵陵园的东司马门上，首先看到的便是萧何、曹参二人的墓葬。在安陵的陪葬者中，鲁元公主的地位最为尊贵，因此她的墓葬是距离安陵最近的。

这种布局不仅突显了陪葬者的身份与地位，也向我们展示了古代丧葬文化中的等级制度和尊卑秩序。

汉武帝的茂陵在陪葬墓的布局上，与长陵和安陵有着相似的设计理念，那些地位尊贵的大臣大多被安葬在陵园的东边。

考古发掘的资料表明，茂陵东侧的陪葬墓分布特别集中，

第八章 霍去病墓

且墓葬规模较大，其中大中型墓葬的数量达到了 26 座。特别引人注目的是，在茂陵东司马道北侧，仅距离茂陵陵园东墙 75 米的位置，有一座大型墓葬，学术界普遍认为这是卫青的墓地。而在卫青墓东侧大约 33 米的地方，还有一座装饰有石刻的墓葬，人们普遍认为这是霍去病的陵墓。

卫青和霍去病的墓葬在茂陵陪葬墓区中占据了非常显眼的位置，这恰恰与他们生前所享有的尊贵地位相匹配。在西汉时期，帝陵陪葬墓的位置不仅先后顺序有严格规定，就连墓地的面积也有着相应的制度约束。

根据历史文献的记载，汉武帝时期的丞相李蔡被赐葬在阳陵，其墓地面积约为 20 亩，换算成现代单位大约是 14 亩，也就是约 9300 平方米。

由此可以推测，当时丞相这一级别的朝廷高官，在帝陵陪葬墓区的墓园面积大约在 1 万平方米左右。考古发现也支持了这一推测，汉景帝阳陵的陪葬墓中，早期的墓园面积在 4200~13000 平方米之间，大约是 9~28 亩，而中晚期墓园面积则多在 2500~4900 平方米之间，大约是 5~10 亩。

在西汉时期，当重臣张安世去世后，他被赐予葬在汉宣帝的杜陵陪葬墓区。近年来，考古学界普遍认同，位于凤栖原的一座大型汉墓就是张安世的墓地。

这座墓园非常宏伟，东西长度约 195 米，南北宽度约 159 米，总面积达到了 3 万平方米。张安世因对汉宣帝有扶立之功，被封为富平侯，并担任了大司马、卫将军等职，他的地位与卫青、霍去病相当，尽管他没有外戚的身份，但他的墓园面积却远远超过了常规的 20 亩。这一现象表明，西汉时期皇帝在赏赐大臣墓地时，可能更多的是根据具体情况来决定，而不是机械地遵循既定的规则。也就是说，陪葬者的地位越高，其墓地的面积往往也越大。

到了 2006 年，考古工作人员对汉武帝的茂陵陵区进行了勘探工作。为了方便研究和记录，他们将卫青的墓葬标记为 11 号墓，霍去病的墓葬标记为 12 号墓。在接下来的叙述中，也将采用这一编号方式。

考古勘探的结果表明，编号 11 的墓葬被一圈夯实的土墙围绕，形成了一个南北向的长方形墓园，其长度大约为 230 米，

第八章 霍去病墓

宽度由于东墙部分被茂陵博物馆占据,但依然可以测量出大约127米,整个墓园占地面积估计达到29000平方米。

紧挨着的编号12的墓葬,也有由夯实土墙构成的墓园,其东西宽度约为105米,然而南北长度因同样的原因无法准确测量,只能根据现有的勘探数据进行估计。根据考古资料显示,12号墓园的西墙勘探长度约为64米,距离墓顶封土大约15米,封土底部南北长度约为94米,而且其南部距离茂陵东司马道62米。如果以11号墓园南墙距离茂陵东司马道50米为参考,可以推算出12号墓园从封土向南至少还有10米的延伸空间,因此,其南北长度大约在180~190米之间,墓园面积大约为20000平方米。

值得注意的是,这两座墓园的面积均远超丞相级大臣"应得20亩"的规定,从而说明它们的墓主人在朝廷中拥有更为显赫尊崇的地位,无疑,卫青与霍去病便是这样的人物。

在霍去病墓的北侧,考古工作者意外发现了一座墓葬,旁边立有一块石碑,上面刻有:"康熙二十六年二月吉旦汉霍去病墓督邮使者程兆麟立。"在考古勘探的记录中,这座墓葬被编号为 14 号墓。

　　这座墓葬周围也建有夯土围墙，围成了一个墓园。但遗憾的是，由于墓园西部被现代建筑物占据，无法进行更深入的考古工作。根据东部的勘探结果，墓园的形状应该是一个东西向的长方形，南北宽度为 55.6 米，而东西长度因为部分损坏而不等，范围在 55.4~63.3 米之间。此外，该墓园的东墙与卫青墓园的阙门遗址相隔大约 90 米。

　　值得注意的是，14 号墓园的东墙向南延伸时，超出了卫青墓园北墙的延长线，这意味着该墓园的东西向最大长度不会超过 90 米。据此推算，14 号墓园的面积不足 5000 平方米，仅略多于丞相级别"应得 20 亩"面积的一半。这样的墓园规模，与霍去病生前显赫的身份和地位相比，显得并不相称。

　　进一步来说，14 号墓旁边的石碑是在清代康熙二十六年（1687）由一个名叫"督邮使者程兆麟"的人所立；而 12 号墓前则有一块石碑，是乾隆四十二年（1777）由陕西巡抚毕沅所立，两块碑立碑时间相距大约 90 年。

　　程兆麟在历史上并不是一个知名人物，他立碑的原因和依据也相当神秘。相比之下，毕沅是清代一位著名的学者，他在经史、小学、金石、地理等多个学术领域都有深入的研究，著有《续资治通鉴》《关中胜迹图志》等多部重要著作。在陕西任职期间，毕沅对前朝的古迹进行了广泛的考证，并为它们立碑正名。虽然受限于当时的资料和认知水平，他的考证可能存在一些错误，但从现有的考古资料来看，他所立的碑石大多数名位准确。

综合上述分析来看，在没有新的考古资料提出反驳证据的情况下，目前学术界普遍认同的霍去病墓的位置应该是正确的。

关于霍去病墓，还有一点极为引人注目，就是那些立于封土之上及其周围的大型石雕群（以下称为霍去病墓石刻），是已知最古老的大型陵墓石刻群之一。

许多学者对这些石刻进行了深入的研究和讨论，尽管他们付出了巨大的努力，但在许多关键问题上仍然存在分歧，未能达成一致意见。

关于陵墓石刻的起源，学术界至今尚未达成共识，存在多种不同的观点。一些学者根据早期文献的记载，推测陵墓石刻可能在西汉时期之前就已经出现。

按照历史文献中提及的时间顺序，做出以下记录：

《水经注》中记载了中山夫人祠南边仲山甫的墓地，墓地西边有一座石庙，庙前有石羊和石虎，但它们已经严重损坏，难以辨认。这座石庙位于城池西南，灵台东北。

《述异记》中提到，在广州东界有大夫文种的墓，墓下立有石碑，作为华表，旁边还有石鹤。

《吕氏春秋》中的一则寓言，讲述了如果有人在墓上立碑，上面刻有诱惑人挖掘的财富信息，人们会觉得这非常荒谬。

《西京杂记》中描述了秦始皇陵的一个趣事。五柞宫中有五棵大树，枝叶茂盛，覆盖了大片土地。宫西有青梧观，观前有三棵梧桐树。树下有两座石麒麟，麒麟身上刻有文字，据说是秦始皇骊山陵的遗物。这两座石麒麟高约一丈三尺，东边的一座前左脚已折断，断口处有红色痕迹，看起来像血迹。

这些文献提供了关于陵墓石刻起源的线索，尽管它们之间存在争议，但无疑为这一领域提供了宝贵的资料。

在细致分析前三份文献记录时，可以明显发现其中存在的

第八章　霍去病墓

一些疑问。

在《水经注》中，提到的仲山甫是西周时期的官员，但他的墓地配置，包括墓冢、庙宇以及石羊、石虎等，却与东汉时期的习俗非常相似，这让人不禁怀疑这些石刻可能是在东汉时期才被添加的。

在《述异记》中，提到的墓前立石鹤的做法在历史文献中极为罕见，因此难以作为确凿的证据，只能视为辅助证据之一。至于《吕氏春秋》所谓的石碑上的内容，不过是一些夸大墓中随葬品的荒诞之词，当时的人们对此都是不屑一顾，认为这是极其荒谬的，因此，这也不能被视为当时普遍的风俗习惯。

基于这些分析，如果仅凭这些文献就断定当时已经存在墓地石刻，那么显然是有断章取义的嫌疑。相比之下，《西京杂记》的记载可信度更高，许多学者都对其表示认同。

认同的理由主要有两点：一是在秦代，人们已经有了在地面建筑上铸造大型金属和石质雕刻的风尚；二是从考古发现来看，秦代已经掌握了相当高超的石料加工技术。

然而，尽管这两点理由能够说明秦人"有能力"制作陵墓的石刻,但并不能直接证明他们"一定会"这样做。

结合当时葬礼观念和墓葬制度,从墓葬建设的角度来看,那个时代的人们更倾向于通过增加墓葬在三维空间的高度来彰显墓主的尊贵地位。这体现在他们堆砌高耸的封土堆,甚至建造享堂等建筑的做法上。

在这种背景下,如果在墓前设置石刻,可能会在深度方向上削弱这种权威结构的表达。因此,在地面神道等设施出现之前,似乎没有必要在地面上设置石刻。

随着历史的推进,进入西汉时期,除了霍去病墓石刻这一明显的例子外,还有一些与陵墓石刻相关的零星发现逐渐被发掘。

在碑刻方面,河平三年(前26)的麃孝禹碑被广泛认为与丧葬活动有关,它被视为后来墓碑的原型,这一观点大致是准确的。此外,在山东邹城,人们还发现了天凤三年(16)的莱子侯刻石,有研究者认为,这块刻石与封墓活动有着密切的联系。

在石雕艺术领域,河北省石家庄市小安舍村曾出土了一尊跪坐姿势的石雕人像。有研究者提出假设,这尊石雕人像可能是汉文帝在整修南越王赵佗祖先的墓冢时雕刻的。同时,山西安邑杜村出土的石虎以及甘肃天水李广墓前的石马等石雕动物，也被学术界普遍认为是与陵墓有关的艺术品。

然而，需要注意的是，这些出土的石雕作品均为单独的石刻，并没有形成有规划、相互协调的石刻群体。

相比之下，霍去病墓石刻则显得更为独特。根据《史记索隐》的记载，霍去病墓上有竖立的石块，墓前有相对而立的石马以及站立其间的石人。这一描述说明，霍去病墓石刻至少包括了石马和石人的组合。

许多国内外学者对霍去病墓进行了实地考察和记录，这些记录能够让我们更全面地了解霍去病墓石刻的丰富组合，这些石刻的多样性和精彩程度远超文献中的描述。

根据资料显示，霍去病墓石刻艺术品共有 18 件。

这些雕塑作品呈现出多样化的风格：有表现马踏匈奴英勇姿态的、跃马灵动之美的、卧马安详之态的、卧牛稳重之姿的、伏虎威猛之势的、卧象温顺之态的、野猪野性之美的、蟾蜍与青蛙生动形象的、怪兽食羊诡异场景的、石人庄严肃穆的、人与熊和谐相处的以及两种不同形态的石鱼。还有文字刻石，有刻有"左司空"字样的、有刻有"平原乐陵宿伯牙霍巨孟"字样的。

与同一时期的单一石刻相比，这些作品显示出了明显的不同，并且它们的风格和形式更接近于后来陵墓石刻的特点。

特别值得注意的是，霍去病墓石刻并非随意摆放，而是根据一定的组合逻辑精心布置的。

如前文所述，霍去病墓石刻群是已知最古老的大型陵墓石刻群之一。但是，它对后来陵墓石刻制度的直接影响并不明显，这使得霍去病墓石刻在历史上的地位具有一定的局限性。

这种局限性在石刻的形制以及空间配置上均有所体现。而究其本质，根源在于霍去病墓石刻具备一定的特殊功能。

从造型上看，除了石马之外，霍去病墓石刻中的其他作品样式在后来的陵墓石刻中并不常见。例如，石刻动物多采用卧姿，这与后来陵墓石刻中更常见的立姿或行走姿态形成了对比。

在文字刻石方面，"左司空"这一字样代表了制作这些石刻的官方机构，具有记录工匠名字的意义；而"平原乐陵宿伯牙霍巨孟"中的"牙"字可能应该理解为"直"，意味着守护，因此,这块石刻可能是用于守护墓冢的。这样看来,这些文字刻石与后来的墓碑也没有直接的联系。

总的来说,霍去病墓石刻的造型与后来的石刻制度存在较大的差异。

在探讨霍去病墓石刻的空间布局时,多位学者通过实地考察和历史文献,绘制了多种平面布局图。据资料显示,通过比较这些平面图可以发现,石刻的大致位置主要分为两种:一种位于封土的南面,另一种则直接立于封土之上。

在封土周围存在一些散落的石刻,例如石人和伏虎等,这些石刻大多被认为原本位于封土斜坡上,后来因故跌落。然而,卧马的位置有些特别,它孤独地位于封土北侧较远的地方。

一些学者进一步提出,这种空间布局可能反映了"规制与反规制"的复杂关系。其中,"规制"体现在墓前设置的石马与神道石刻制度的相似性,正如文献中提到的"前有石马相对"。但是,这种所谓的规制意义也受到了一些质疑。

根据钻探资料,霍去病墓的墓道位于墓葬的北侧,按照常理,地面上的神道也应该位于北侧,这与现存的立马、跃马并不在同一侧。这一点增加了对霍去病墓石刻布局规制性的讨论和质疑。

也就是说，霍去病墓石刻在种类和空间布局上与后来的陵墓制度没有明显的联系。这些石刻的独特形式和位置，既反映了新事物发展初期的特点，也暗示着它们背后可能承载着特殊的功能。

历史文献中提到，霍去病的葬礼是国家层面的重大事件；石刻上的文字也表明，这些作品是由左司空官署的工匠制作的。此外，霍去病墓作为茂陵的附属墓葬，是茂陵陵园的重要组成部分。因此，可以合理推断，霍去病墓石刻的功能是由汉朝官方设定的，汉武帝可能在其中发挥了关键作用。

所以，霍去病墓石刻的功能与当时的政治背景和文化思想有着密切的联系。

基于这些背景，许多学者对霍去病墓石刻的创作动机进行了深入研究，并提出了一些重要的理论。对于霍去病墓石刻的解释，主要有两种观点：一种观点认为其目的是纪念霍去病的军事成就，即纪念功绩说；另一种观点认为其寓意着对升天的期望，即升天寓意说。

根据《史记索隐》中崔浩的说法，霍去病曾在某座山击败昆邪（又作浑邪），因此他的墓冢被塑造成山形，以此来纪念他的军事成就。基于这一历史记载，许多学者普遍认为霍去病墓上的石刻是为了纪念他的战功，这一点从"马踏匈奴"这一命名中可以直接看出。

至于墓冢上的各种动物石雕，大多数人认为它们象征着山地的险峻和战争的艰难。由于有文献的明确支持，这种观点在国内学术界长期占据主导地位，甚至被看作是艺术史中的一个基本常识。

然而，与这种解释截然不同的是，学术界还有另一种观点，即升仙说。

自20世纪80年代起，随着思想领域的逐步开放，学术界开始重新评估升仙说的合理性。程征是国内最早探讨这一议题的学者之一，他提出霍去病墓石刻可能参考了博山炉等艺术品的表现技巧，以此在墓冢上营造出一种神秘的山灵水怪氛围。虽然程征的研究重点在于探讨霍去病墓石刻如何模拟祁连山，但他的研究无疑为升仙说的讨论提供了新视角。

此后，关于霍去病墓石刻与神仙方术之间关系的论述不断出现。升仙说的解释大多认为霍去病墓石刻与汉代流行的神仙信仰和方术有着密切的联系，其目的可能是将霍去病墓打造成茂陵陵区内一座充满神秘色彩的仙山。

从整体上来分析，纪功说与升仙说这两种看似对立的动机，在汉代的社会文化背景下可能并不是完全分离的。这主要是因为祁连山在汉代具有双重的象征意义，它既是一个实际的地理存在，也是人们神秘想象和宗教信仰的载体。

从自然地理的视角出发，祁连山是霍去病生前战斗过的地方。通过石刻艺术将这片战场再现于墓葬之中，整个墓葬仿佛变成了一个巨大的纪念碑，这种做法具有深远的政治意义。

然而，若从文化地理的角度去审视，祁连山在汉代还具有仙山的象征意义。汉武帝本人对神仙方术有着浓厚的兴趣，可能是现实中的祁连山激发了他在陵园内模拟仙山的灵感，因此，"为冢象祁连山"这句话背后，可能还隐藏着更深层的含义，即汉武帝希望通过这种方式，将自己的陵园打造成一个人间仙境。

第八章 霍去病墓

我们无从得知左司空的官员和工匠们是否直接受到了汉武帝的命令，或者他们是否敏锐地洞察到了汉武帝的意图，但可以确定的是，霍去病墓上的石刻艺术很可能直接反映了上述的行为动机。

纪念功绩和象征意义这两种看似不同的功能，因为祁连山所具有的双重含义，在实际中巧妙地结合在了一起。

在后世的陵墓石刻中，我们也能找到具有类似功能的例子。例如，唐代昭陵中的昭陵六骏，其目的就是展示唐太宗的显赫战功，具有很强的纪念功绩的特点。而在东汉和南朝的陵墓中常见的翼兽形象，一些学者认为它们与追求升仙的观念有着密切的联系。

然而，在大多数情况下，陵墓石刻主要发挥的是标示墓地范围、镇墓辟邪以及模拟护卫仪仗等较为固定的功能。

相比之下，霍去病墓上的石刻艺术，更像是一项与特定年代、特定事件以及特定人物观念紧密相连的特殊工程。它背后的动机并不局限于传统的规范，而是展现出了独特的个性和魅力。

霍去病墓的石刻艺术以其独特的风格而闻名，这种风格既朴素又大气。

这些石刻在创作时非常注重保持石材的原始形态，通过简约的人工雕刻，展现出了它们独有的艺术美感。例如，在马踏匈奴和卧马等石雕作品中，尽管有明显的人工雕刻痕迹，马踏匈奴的四肢之间并未完全凿空，而卧马则巧妙地将雕刻形态与石材自然融为一体，这些都是朴素而大气的风格原则的体现。而其他如伏虎、卧象、卧牛、野猪、蟾蜍、青蛙、怪兽食羊、石人、人与熊以及石鱼等石雕作品，更是将这一风格发挥到了极致。

关于这种风格形成的原因，也产生了多种不同的观点。一些学者认为，这种风格受到了草原民族文化影响；一些学者则认为，这是为了与石刻群背后的宗教意义相协调；还有一些学者提出，这可能是因为当时的石刻技术相对有限，因此在无意中形成了这种朴素的风格。

不论霍去病墓石刻艺术风格的起源如何，这一由汉朝廷主导、诞生于当时政治核心区域的大型工程，无疑对当时的审美潮流产生了深远的影响。

一些被认定为两汉时期的石雕作品，如咸阳石桥上的石兽、安邑杜村的石虎、天水李广墓前的石马、徐州博物馆珍藏的石虎等，都与霍去病墓石刻的风格有着相似之处。

但是，我们也必须承认，这种影响力到了东汉时期已经有所减弱。至少从东汉中晚期开始，陵墓石刻大量出现，形式多样，包括石阙、石柱、石人、石兽等。

石刻艺术的风格也经历了显著的变化，尤其是石兽，开始流行充满活力的S形曲线造型，兽身上还装饰着精致复杂的雕刻图案。

从现存的实物来看，当时的洛阳很可能是这种艺术风格的发源地，至少是这种造型风尚的引领者。

这种风格在当时全国范围内广泛传播，产生了深远的影响。至于曾经孕育出霍去病墓石刻的关中地区，由于相关资料有限，对其区域特征还难以进行全面的描述。

就目前所见的沈家村和张骞墓的石兽而言，它们显然受到了洛阳地区石刻造型风格的深刻影响。这也从侧面说明，随着关中地区政治地位的逐渐下降，其石刻艺术也走向了衰落。

在东汉末年至魏晋十六国这一不稳定的时期，由于政治动荡、少数民族的南迁以及薄葬政策的实施，陵墓石刻艺术整体上遭遇了衰退。但是，值得庆幸的是，霍去病墓石刻所体现的那种独特艺术风格并没有因此消失，而是在适当的条件下重新焕发了活力。十六国时期的大夏石马便是一个生动的例证。

这尊大夏石马现陈列于西安碑林博物馆。石马高200厘米，长225厘米，呈站立姿态，前肢直立，后肢微曲。为了增强雕刻的稳定性，前后肢之间巧妙地设置了腿屏。在石马前足下方刻有九行隶书，尽管部分文字已经残缺，但仍可辨认出"大夏真兴六年岁在甲子夏五月辛酉""大将军"等字。因此，有学者推测这尊石马可能是赫连勃勃长子赫连璝墓前的遗物。

尤为值得注意的是，这尊大夏石马在造型风格上与霍去病墓前的马踏匈奴石雕有着惊人的相似之处。阎文儒先生曾敏锐地观察到，霍去病墓石刻的风格和题材与关中地区汉墓出土的陶塑、石雕存在差异，却与鄂尔多斯北方草原青铜文化的艺术品有着相似之处。

林梅村先生同意这一观点，并进一步分析认为，霍去病墓前那些具有鲜明草原艺术风格的石雕，很可能是由匈奴工匠制作的。

到了十六国时期，控制关中地区的大夏政权是一个以铁弗匈奴为主体的民族政权。这种民族上的联系可能是霍去病墓石刻风格在五百年后得以再次被激活的重要原因。

由于十六国时期的推崇与再现，西汉时期引入的霍去病墓石刻类艺术风格，已经不仅仅局限于草原民族的文化范畴，它甚至可能已经融入了关中地区的文化之中，成为一种新的文化现象，也从侧面反映了霍去病墓石刻在历史上的重要地位。

当我们客观地去看霍去病墓石刻的历史地位时，可以从三个角度出发：首先，与仅在古籍中记载的先秦陵墓石刻以及同时期的零星单体石刻相比，霍去病墓石刻是目前已知最早使用大型石刻群装饰墓丘的例子，它开辟了这一先例。其次，霍去病墓石刻的功能具有独特性，这导致它在种类和空间布局上对后世陵墓石刻制度的影响相对有限。再者，时尚如同流水般易变，但风格却能持久。尽管霍去病墓石刻的造型语言在东汉时期已不再是主流,但它所代表的艺术风格并未消失;到了十六国时期,在特定条件的激发下,这种风格依然能够通过实物展现。

虽然关于霍去病墓石刻的许多争议在短期内难以完全解决,但只有正确理解其历史地位,我们才能更深刻地认识到它们在中国艺术史和文化传承中的独特价值,进而更好地保护和传承这些珍贵的文化遗产。

霍去病墓及其石刻,承载着深厚的历史意义。悠悠千载,它们静静地矗立在岁月的长河中,诉说着一个民族的骄傲。霍去病墓石刻以其独特的艺术风格,跨越时空,为我们展现了霍去病马踏匈奴的功绩。

时光荏苒,星辰变换,霍去病墓及其石刻,作为珍贵的文化遗产,将继续以其独特的魅力,持续点燃人们探索历史的热忱。

霍去病年表

霍去病生卒大事表及卫青、卫子夫家族事件表

建元元年（前140），霍仲孺（霍去病之父）在平阳侯府做事时，与侍者卫少儿私通而生霍去病。

建元三年（前138），卫子夫复幸有孕，武帝任命卫青为建章监，加侍中官衔。

元光六年（前129），车骑将军卫青大破龙城，取得了自汉朝开国以来对匈战役的首次胜利。

元朔元年（前128），卫子夫生汉武帝长子刘据，三月封卫子夫为皇后。

元朔二年（前127），卫青收复河朔之地，驱走白羊、楼烦

王,筑朔方城。

元朔六年(前123),17岁的霍去病被任命为剽姚校尉,随卫青击匈奴于漠南,斩获敌人2028人,受封冠军侯。

元狩二年(前121),霍去病率兵出击河西地区,歼敌3万多人,俘虏匈奴王5人及多位高级官员。

元狩四年(前119),霍去病大败匈奴左贤王,封狼居胥,左贤王败逃,从此"漠南无王庭"。

元狩六年(前117),霍去病去世,年仅23岁(虚岁24岁),陪葬茂陵,谥封"景桓侯"。

后 记

写到这里，本书稿似乎就此完结了，但我们还可以从多个维度来了解霍去病这短暂而又灿烂的一生，在这里，我是从他的家族兴衰、成长之路、君臣关系以及和卫青的比较来写的，首先是他的成长之路。

霍去病的童年并非一帆风顺，他出生在一个背景并不光彩的家庭中。他的父亲霍仲孺，原本只是平阳侯府中的一个小吏，与平阳侯府的女奴卫少儿私通后生下了霍去病。然而，这段关系并未得到社会的认可，霍仲孺在得知卫少儿怀孕后选择了不辞而别，从此再也没有回来过。卫少儿只能独自承担起抚养霍去病的责任。

这种家庭环境对霍去病的成长产生了深远的影响。从小失去父亲的关爱，使得他在成长过程中必须更加坚强和独立。

霍去病 少年得志的骠骑勇将

霍去病从小便展现出过人的勇气和智慧,对武艺和兵法有着浓厚的兴趣。这些特质为他日后的军事生涯奠定了坚实的基础。

霍去病的军旅生涯始于他17岁那年。当时,汉武帝为了彻底解决匈奴之患,决定派遣大军出征匈奴。霍去病凭借其出色的武艺和聪明才智,被汉武帝任命为剽姚校尉,随大将军卫青出征匈奴。

在这场战争中,霍去病展现出了惊人的勇气和智慧。他率领800轻骑兵绕道奔袭数百里,直接攻入了匈奴的腹地。面对数倍于己的敌人,霍去病毫不畏惧,他凭借出色的指挥才能和勇猛的战斗精神,成功斩敌2000余人,并俘虏了单于的祖父和叔父等重要人物。这一战让霍去病名声大噪,他也因此被封为冠军侯。

此后的几年里,霍去病多次率领汉军出击匈奴,取得了辉煌的战绩。他凭借自己的才智和勇气,在战场上屡建奇功。他的战术灵活多变,善于利用地形和天气等自然条件来制定战术,这使得他在多次战斗中都能够以少胜多、出奇制胜。

在霍去病的军旅生涯中,最为辉煌的当数河西之战和漠北之战。在这两场战役中,霍去病率领汉军深入匈奴腹地,成功

后 记

打通了河西走廊，迫使匈奴远遁他乡。他的铁骑所到之处，匈奴望风而逃，漠南地区从此再无匈奴王庭。这些战役不仅彰显了霍去病的勇猛与智慧，更让他达成了所有中国武将梦寐以求的最高荣誉——封狼居胥。

尽管霍去病在外表上显得英勇无畏、果敢决断，但他的内心世界却充满了矛盾和挣扎。他渴望得到父亲的认可和爱护，但现实却让他无法实现这个愿望。霍去病在成名后曾经找到自己的父亲霍仲孺，并对他进行了妥善的安置。然而，这种迟来的父爱并不能弥补他童年时期的缺失。

同时，霍去病也深知自己作为武将的责任和使命。在面对国家大义和个人情感时，他不得不做出艰难的选择。他曾经说过："匈奴未灭，何（无）以家为？"这句话不仅展现了他对国家的忠诚和对战争的执着，也透露出他内心的矛盾和挣扎。

在霍去病的戎马生涯中，经历了无数次生死考验，他并没有因此而退缩，反而更加坚定了自己的信念和决心。他用自己的行动诠释了什么是真正的英雄和担当。

然而，命运却对霍去病如此残忍。在他 23 岁那年，不幸因病去世。这一消息传来后，整个汉朝都为之震惊和悲痛。汉武

霍去病 少年得志的骠骑勇将

帝为了表彰霍去病的卓越战功和忠诚精神,特意将他的陵墓安葬在自己的陵墓——茂陵旁,并赐予他"景桓"的谥号。这个谥号充分肯定了霍去病英勇善战、克敌服远、扩充疆土的丰功伟绩。

而霍去病的成长史也与卫家的家族史息息相关,当然,彼时的霍家还没有成为权倾朝野的大家族,故此将其与卫家并列,霍去病的成功离不开大将军卫青的支持和帮助。卫青作为霍去病的舅舅,不仅在军事上给予了他悉心的指导,还在朝堂上为他争取了更多的支持和资源。

卫青本人也是一位杰出的军事将领。他多次率领汉军出击匈奴,取得了辉煌的战绩。他的稳重和谨慎为汉军赢得了多次胜利,也为他在朝堂上赢得了极高的声望。

随着霍去病的崛起,卫青的地位逐渐受到了威胁。一些朝廷大臣开始纷纷倒向霍去病,使得卫青在朝堂上的影响力逐渐减弱。尽管如此,卫青仍然保持着对权力的清醒和对霍去病的关爱。

霍去病去世后,他的家族经历了一系列的变故。他的儿子霍嬗年幼早逝,使得他的血脉无法延续。而卫青家族也遭遇了不幸,他的长子卫伉因触犯国法被剥夺了爵位,其他儿子也相继失势。

后 记

卫青去世后,他的家族地位更加岌岌可危。然而,在这个关键时刻,霍去病同父异母的弟弟霍光站了出来。他凭借自己的才智和勇气,逐渐在朝堂上崭露头角,并最终成为了西汉的大权臣。

霍光掌权后,对霍家进行了全面的整顿和扶持。他使得霍家重新焕发了生机和活力,也让霍去病的名字再次被世人铭记。

而霍去病与汉武帝的君臣关系,可以说是君臣之间的典范,汉武帝对霍去病的才能和品质深为赞赏,将他视为自己的心腹爱将,而霍去病也对汉武帝忠心耿耿、誓死效命。

在霍去病的军旅生涯中,汉武帝始终给予他坚定的支持和信任。他多次为霍去病提供宝贵的战略指导和资源支持,使得霍去病能够在战场上屡建奇功。同时,汉武帝还亲自为霍去病修建府邸、赐予封地,以表彰他的卓越战功和忠诚精神。

霍去病和汉武帝之间还有一个共同的理想,那就是彻底消灭匈奴的威胁。为了实现这个理想,他们共同努力、并肩作战。霍去病多次率领汉军出击匈奴,为汉朝的边疆稳定立下了汗马功劳。而汉武帝也多次为霍去病提供战略指导和资源支持,使得他能够在战场上取得更大的胜利。

霍去病 少年得志的骠骑勇将

然而命运却对他们如此残忍。在霍去病英年早逝后，汉武帝失去了自己最得力的助手和挚友。他深感悲痛和惋惜，为霍去病举行了盛大的葬礼，并亲自为他的陵墓题写了碑文。

霍去病和卫青都是西汉时期的杰出军事将领，但他们的风格和特点却有所不同。卫青以稳重和谨慎著称，他注重战术的严密和士兵的训练，善于在战场上寻找敌人的弱点并给予致命一击。而霍去病则以勇猛和果敢著称，他善于根据战场形势迅速做出决策，不拘泥于传统的兵法，而是灵活运用战术出奇制胜。尽管霍去病和卫青的风格和特点有所不同，但他们都为汉朝的边疆稳定立下了汗马功劳。

卫青多次率领汉军出击匈奴，取得了辉煌的战绩。而霍去病则更是以少胜多、屡建奇功，成为了汉朝军队中的一颗璀璨的明星。他们的共同贡献使得汉朝的疆域得到了极大的扩展，也为后世留下了宝贵的精神财富。历朝历代对霍去病和卫青的评价都极高。他们被誉为勇冠三军的战神和稳重如山的名将。他们的名字永远镌刻在中国历史的丰碑之上，成为了后世传颂的佳话。

云中军